Moi
PLANTU

2020

l'année de

PLANTU

2021

VOUS POUVEZ RETROUVER LES DESSINS DE PLANTU
SUR FACEBOOK : **PLANTU.PAGE.OFFICIELLE**

CONCEPTION GRAPHIQUE :
OLO.EDITIONS
ILLUSTRATION COUVERTURE :
PLANTU

ISBN : 978-2-7021-8329-8

l'année de

PLANTU

2021

LES ANNÉES FIOLES

CALMANN
LEVY
Graphic

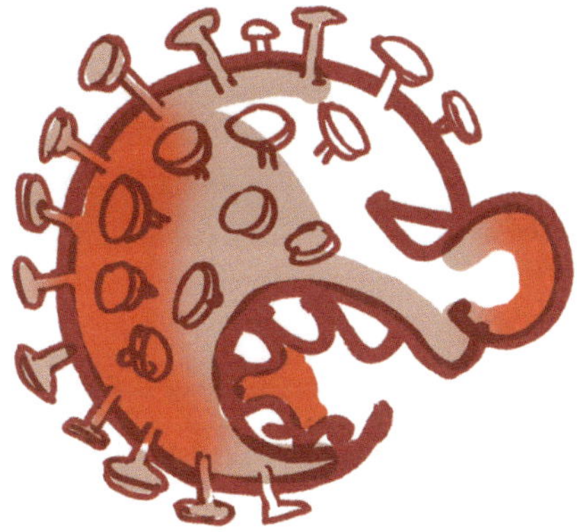

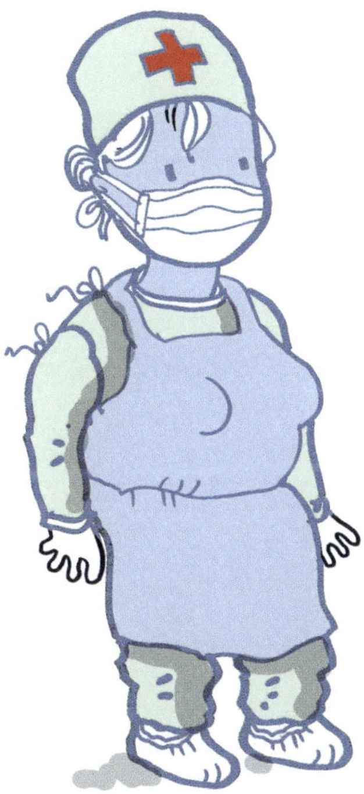

PRÉFACE

On a connu les Années folles au début du XXe siècle, avec leur cortège d'inventions artistiques, de musiques nouvelles : Joséphine Baker qui va bientôt entrer au Panthéon est une icône de ces Années folles. Joséphine Baker a aussi été une grande résistante face à l'oppresseur nazi.

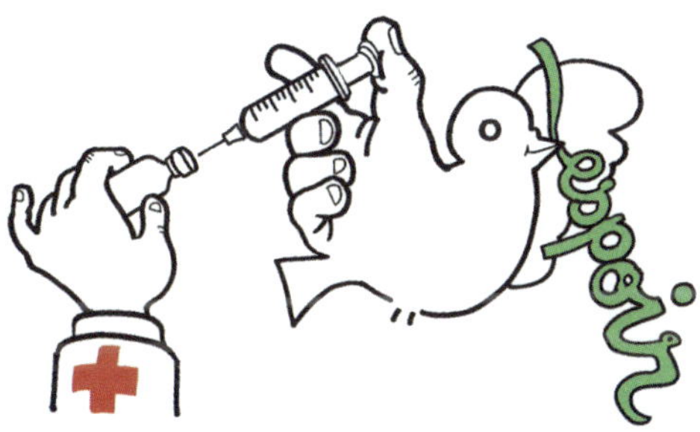

Aujourd'hui, il faut combattre un virus planétaire et, avec l'heureuse arrivée d'un vaccin, nous sommes entrés dans « les Années fioles ».

Il y avait les chapeaux cloches mais, aujourd'hui, nous sommes tous sous cloche. Jusqu'à quand ? Nos responsables ont beau nous promettre que demain ce sera le dernier confinement, la série noire a l'air de continuer…

« Demain, on Pass gratis ! »

Et pendant que l'on parle de la crise sanitaire, on parle moins des sujets brûlants...
On espérait beaucoup de la Convention citoyenne sur le climat, il faudra se faire une raison ; les forêts brûlent, les rivières débordent et le pouvoir est tétanisé à l'idée de proposer des mesures qui déplairaient à des Français transformés en Gilets jaunes.

Paralysés par la Covid-19 et les samedis de manifestation, les électeurs se sont largement abstenus durant les régionales. Il est peu probable que la campagne présidentielle nous propose des sujets qui nous mobilisent et nous fassent rêver.

Du coup, on ne sait même plus ce qui se passe du côté des Ouïghours en Chine... et ce que deviennent les démocrates de Russie, de Hong Kong ?

On a mis des masques un peu partout : sur nos bouches, sur nos nez, sur nos yeux...

Et puis il y a quand même des notes positives : le départ de Donald Trump. Certes, le caricaturiste a perdu un bon client mais l'Amérique se retrouve plus apaisée.

Comme cette coalition au pouvoir en Israël : il y a peut-être de bonnes choses à attendre de Jérusalem, en espérant que les Palestiniens ne soient pas une fois de plus les grands oubliés.

Et si les femmes sont encore très loin d'être les égales des hommes dans le monde, une femme, Kamala Harris, se retrouve vice-présidente des États-Unis ! Quel pied de nez aux quatre années de machisme et de racisme de Donald Trump !

Mais cette Amérique qui se veut si souvent « généreuse » a voulu imposer la démocratie en Afghanistan. Qu'est-ce qu'on ne ferait pas au nom des droits de l'homme ?

On va néanmoins lui pardonner, l'Amérique nous a envoyé Joséphine Baker :

Dans les années 1920, après la tragédie de la Première Guerre mondiale, il fallait tout réinventer : c'est ce qu'on a appelé les Années folles. Durant cette période qui se voulait insouciante et libérée des carcans du « monde d'hier », on ne se doutait pas qu'il y aurait le krach boursier de 1929, puis la Seconde Guerre mondiale. Durant nos « Années fioles », on a été obligés de se confiner et d'inventer de nouveaux carcans. Heureusement il nous reste « les biens essentiels », la lecture, la musique, les spectacles, l'ironie… et les dessins ? Mais quand même, la dérision, aujourd'hui a plutôt une drôle de fiole !

CRISE SANITAIRE

J'ai dit : pas plus de 6 à table !

PLANTU

CRISE SANITAIRE

Emmanuel Macron nomme en juillet Jean Castex Premier ministre. Ce dernier était, depuis le 2 avril 2020, coordinateur interministériel chargé de la stratégie du déconfinement.

CASTEX

En visite à Roubaix, le Premier ministre déclare le 3 août 2020 qu'il faut tout faire pour éviter « un nouveau confinement généralisé ». Le port du masque devient obligatoire dans les rues de Paris.

Le Premier ministre maintient le couvercle

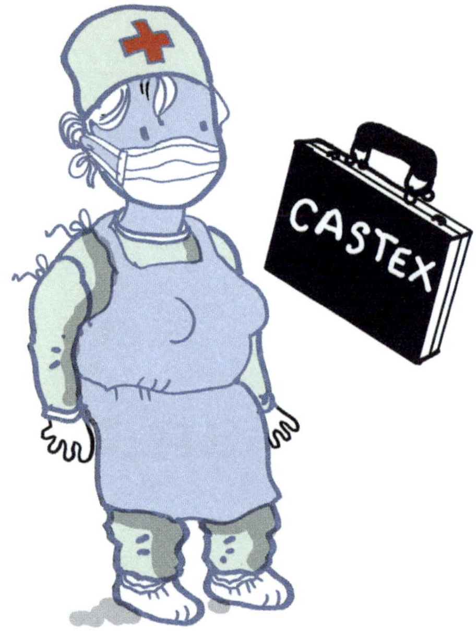

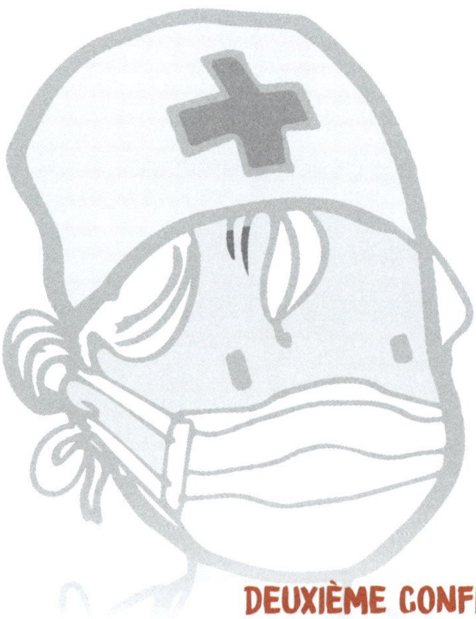

DEUXIÈME CONFINEMENT

Le 28 octobre 2020, lors d'une allocution télévisée, Emmanuel Macron annonce un deuxième confinement national qui devrait se prolonger au moins jusqu'au 1er décembre. Malgré des mesures drastiques (interdiction de déplacement sauf motif impérieux, attestation de sortie obligatoire, fermeture des commerces « non essentiels ») la cote de popularité du président de la République remonte quand celle de Jean Castex dévisse. « Jean Castex est sur tous les fronts. Le Premier ministre, qui doit composer avec le retour de l'épidémie de coronavirus, dont la résurgence rapide et imprévue menace la reprise économique, est en grande difficulté. Il décroche dans les sondages, avec une chute de 12 points de sa cote de popularité depuis l'été... » car un Premier ministre doit servir de « paratonnerre, de fusible, pour permettre au chef de l'État de prendre de la hauteur. »

***Challenges*, novembre 2020**

Heureusement que j'ai ma surblouse !
SONDAGE MACRON

"Les confinés parlent aux confinés"
Quoi ? Ils nous rediffusent la même série ?
PLANTU

HÉ!! Vous auriez pu me prévenir qu'il y aurait des effets secondaires!
ÉLYSÉE

CONSEILS

Selon *L'Express*, Nicolas Sarkozy conseillerait à Emmanuel Macron d'arrêter de remercier tout le monde dans ses discours : « Il faut qu'il arrête de dire merci ! Merci aux soignants, merci au journalistes. Quand tu prends l'avion et qu'il est en train de chuter, que fait le pilote ? Tu crois qu'il dit merci aux hôtesses de l'air, aux stewards ? Non il ne dit merci à personne : il tient le manche et redresse l'avion. »

SONDAGE

La cote de popularité du président de la République descend légèrement mais est néanmoins supérieure à celle de ses prédécesseurs à la même période de leur mandat.

LA FRANCE DÉPRESSIVE

Une importante étude publiée sur le site de l'US National Library of Medicine - National Institutes of Health répertorie les conséquences psychopathologiques du confinement qui, en France, étaient l'angle mort du Conseil scientifique : recrudescence des violences conjugales, violences à l'égard des enfants, troubles anxieux, troubles du sommeil, addictions, tendances dépressives et suicidaires dans les populations les plus vulnérables.

PLANTU

PSYCHIATRIE

En février 2021, le Conseil scientifique dirigé par le professeur Jean-François Delfraissy crée un poste de pédopsychiatre pour mesurer l'impact de la Covid sur la santé mentale des Français.

Le conseil scientifique s'ouvre à la psychiatrie

MUTATIONS POLITIQUES

Dans un rapport remis en décembre 2020, la commission d'enquête du Sénat « fait le triple constat d'un défaut de préparation, d'un défaut de stratégie ou plutôt de constance dans la stratégie et d'un défaut de communication adaptée ». Les trois rapporteurs (LR, apparenté socialiste et UDI soutien LREM) appellent le gouvernement à prendre « un nouveau départ ».

LA GARONNE

PANDÉMIE ET RÉCHAUFFEMENT CLIMATIQUE

Le Premier ministre belge, Alexander De Croo, met en parallèle la pandémie et le réchauffement climatique : « Notre victoire imminente sur la Covid-19 montre la voie à suivre pour limiter le réchauffement climatique. Nous vaincrons le virus en nous concentrant sur un objectif commun, en coopérant et en laissant aux gens la liberté d'innover. [...] Nous surmonterons la pandémie en canalisant notre nature humaine. Et nous surmonterons la menace du changement climatique de la même manière. En ajoutant chaque contribution individuelle à l'effort collectif, nous pouvons et ferons une énorme différence. C'est ainsi que l'humanité avance ensemble et atténue les menaces mondiales. »

Le Monde

INÉGALITÉS

Dans une enquête lancée par l'Inserm, « la question des inégalités est présentée sous deux angles : d'une part, les facteurs d'exposition au virus liés au lieu de résidence, aux conditions de logement ou à la nécessité de travailler hors du domicile ; d'autre part, les effets du confinement sur les conditions de vie : recours au télétravail, prise en charge des enfants, situation d'emploi, situation financière. » Les conclusions de l'Inserm sont sans appel : les inégalités qui structurent la société française ont été largement accentuées par la crise sanitaire. Elles auraient été plus graves sans les mesures prises par le gouvernement mais la situation financière des classes populaires s'est particulièrement dégradée depuis le début de la pandémie.

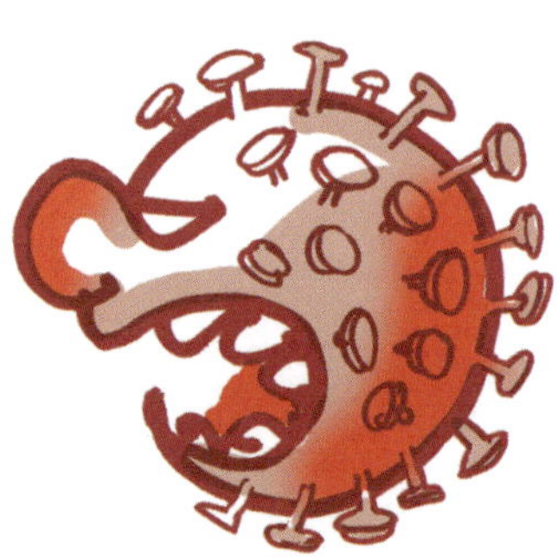

SOLIDARITÉ

À quelques mois de la présidentielle de 2022, il reste peu de temps au gouvernement pour vanter auprès des électeurs les mérites du plan de relance, gigantesque dispositif destiné à faire redémarrer l'économie en sortie de crise, d'un total de 100 milliards d'euros sur trois ans. Adopté à l'automne 2020, ce plan a été percuté par la deuxième vague de Covid-19, puis les suivantes, et, malgré les sommes engagées, beaucoup de Français n'en ont pas réalisé l'ampleur ou les effets.

Elsa Conesa, *Le Monde*, 28 juillet 2021

PRÉCARITÉ ÉTUDIANTE

Selon la chaîne Public Sénat, un étudiant sur deux ne mange pas à sa faim depuis le début de la crise sanitaire. La pandémie a augmenté la précarité étudiante en fermant toutes les possibilités de jobs étudiants. Or, la moitié des étudiants jugent ces « petits boulots » indispensables pour payer leur loyer et leur nourriture. Le réseau des AGORAé, épiceries sociales et solidaires de la FAGE, premier syndicat étudiant, présent sur une bonne partie du territoire, a vu les demandes de nourriture exploser durant ces mois. Plusieurs milliers d'étudiants reçoivent donc des colis gratuits dans de nombreuses villes universitaires.

Monique Ronzeau, présidente de l'Observatoire national de la vie étudiante, à l'origine d'une enquête sur leurs conditions de vie pendant la crise sanitaire, fait un constat inquiétant. « Il y a eu des crises étudiantes par le passé. Mais, par ses dimensions multiples – économique, sociale, psychologique, scolaire – et ses effets simultanés, celle-ci est sans précédent. Et nous n'avons pas fini d'en mesurer les effets. »

RESTOS DU CŒUR

De 8 millions de repas servis en 1985, les Restos du cœur sont passés à 135 millions aujourd'hui.

Stratégie vaccinale

INJONCTIONS ET CONTRADICTIONS

Depuis le 3 décembre 2020, date à laquelle le gouvernement a dévoilé sa stratégie vaccinale, les Français ont été confrontés à plusieurs constats :

1 : Pénurie de vaccins. Les généralistes, pourtant en première ligne, n'ont jamais reçu les doses promises.

2 : Arrêt de l'AstraZeneca suivi de préconisations, sans cesse réévaluées, sur les tranches d'âge éligibles au vaccin.

3 : Multiplication de « Conseils » :

- Le Conseil de défense sanitaire
- Le Conseil scientifique
- Le Conseil d'orientation de la stratégie vaccinale
- Le Comité consultatif national d'éthique.
- La Haute autorité de santé, dont les avis entrent souvent en contradiction, créant une « cacophonie des communications »

« Des comités Théodule », comme aurait dit de Gaulle.

MAIRIE
MAIRIE

LES MAIRIES OUBLIÉES

Une centaine de maires du Pas-de-Calais déplorent dans une lettre ouverte au président de la République un « traitement inéquitable » de leur département comptant près de 1,5 million d'habitants, avec des quantités prévues de vaccins contre la Covid-19 « très insuffisantes ». « Plus de deux semaines après votre discours, nous regrettons collectivement que la volonté que vous avez exprimée ne se concrétise pas au travers des dotations annoncées pour les prochaines semaines. »

Tour de vis sanitaire

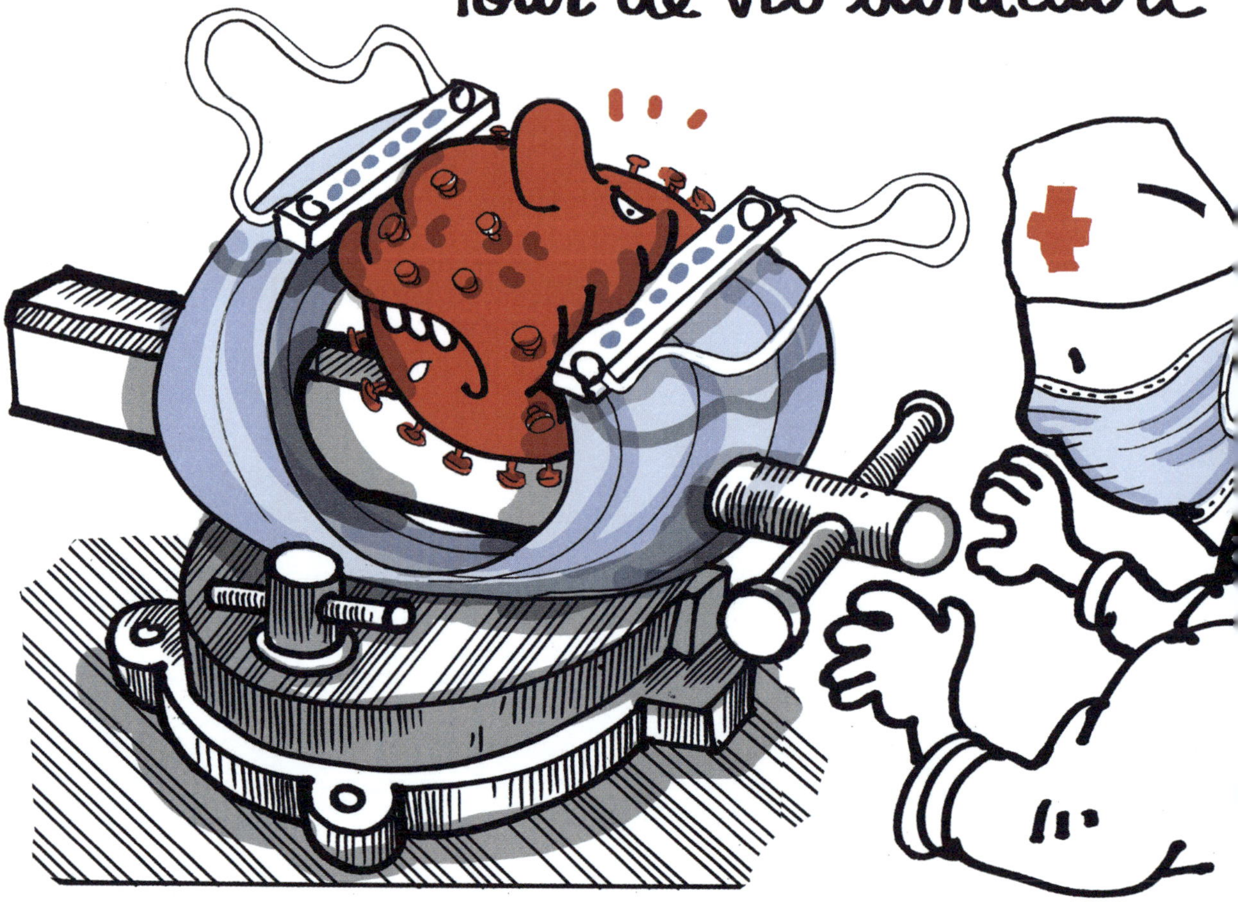

LA VILLE DE NICE CONFINÉE

Christian Estrosi, maire de Nice, a très vite pris des mesures (commandes de masque) et des arrêtés (couvre-feu) sans attendre le feu vert de l'Élysée ou de Matignon : « Le gouvernement était à poil, la chaîne de commandement out », s'est-il défendu dans un entretien.

***Le Monde*, 16 octobre 2020**

« Pour moi, ma principale responsabilité, c'est d'abord la protection des Niçois. C'est vous protéger. Je ne reproche rien à l'État, mais qu'il me laisse agir dans toutes les initiatives qui me permettront de mieux vous protéger. Et je ne lâcherai rien face à ceux qui veulent attaquer nos arrêtés, et qui sous prétexte de protection des droits de l'homme veulent en réalité m'empêcher de vous protéger. »

Christian Estrosi, France Bleu

« QU'ILS CRÈVENT, LES VIEUX !! »

« On coupe la bûche en deux, papy et mamie mangent dans la cuisine et nous, dans la salle à manger », préconise Jérôme Salomon, précisant qu'on ne mange pas avec eux, même à Noël, et même si on a pris toutes les précautions avant ». Le directeur de la Santé, devant le tollé suscité par ses propos, présentera ses excuses.

Mais cette exclusion des plus âgés est dans l'air du temps : certains susurrent aux oreilles d'Emmanuel Macron qu'un confinement prolongé, « un isolement ciblé » pour les seuls seniors devrait être envisagé… Les scientifiques signalent que cette solution ne pourrait « être obligatoire, pour des raisons à la fois éthiques, sociales et sans doute juridiques ».

Cette solution a pourtant été adoptée par certains directeurs d'Ehpad qui, bien après la fin du confinement, ont maintenu les personnes âgées à l'isolement…

« Comme des prisonniers ! Les résidents des maisons de retraite sont citoyens mais n'ont pas les mêmes droits que les autres. Ils ne sont plus étreints, n'ont plus de gestes d'affection. Ils sont juste touchés par des professionnels pour la toilette, l'habillage, mais sans gestes d'amour. On va les laisser mourir de chagrin parce qu'ils ne verront pas leurs proches. Ce qui prime, c'est la responsabilité de la direction. On ne s'interroge pas sur les répercussions. Sous la belle intention de sauver les vieux, il y a des conséquences psychologiques graves. »

Une psychologue d'un Ehpad de Nancy, *L'Est Républicain*, 3 février 2021

PAPY ET MAMIE

« Évitons que papy et mamie aillent chercher leurs petits-enfants à l'école, quitte à augmenter le périscolaire jusqu'à ce que les parents puissent venir eux-mêmes les récupérer. »

Jean Castex, conférence de presse consacrée à l'épidémie de coronavirus

"Pas de papy ni
de mamie à l'école"
HEP!
HEP!
PLANTU

On est vraiment
obligés de laisser
la télé allumée?
PLANTU

« Nous sommes en guerre, en guerre sanitaire certes. Nous ne luttons ni contre une armée, ni contre une autre nation. Mais l'ennemi est là, invisible, insaisissable, qui progresse. Et cela requiert notre mobilisation générale. »

Emmanuel Macron, 16 mars 2020

En 2021, la France manque de vaccins et ne peut répondre aux demandes des collectivités locales qui, elles, ont pris des dispositions pour vacciner le plus grand nombre.

« Nous mettons tous les moyens pour vacciner, vacciner, vacciner. Sans répit, sans jour férié, le samedi et le dimanche, comme la semaine. »

Emmanuel Macron, 31 mars 2021

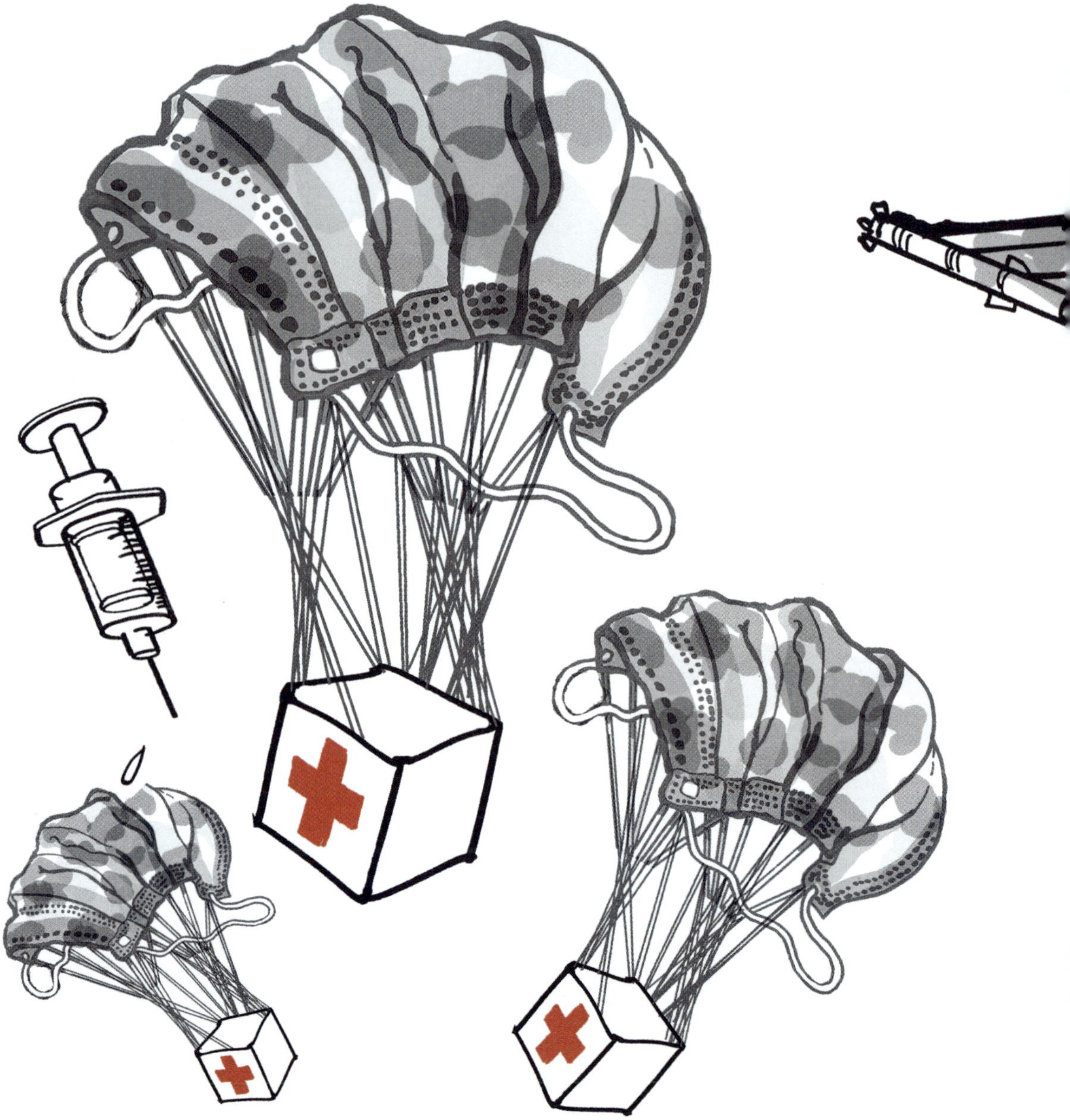

Sachant que ce chercheur gagne moins qu'il y a 2ans, que "la priorité nationale" que représente la recherche n'est qu'un vain mot, que le budget du CNRS a été diminué de $\frac{25b^2-4ac}{2a}\sqrt{x}$, calculez le temps que mettra ce chercheur pour partir tavailler aux État-Unis, en Allemagne ou en Chine.
e=mc²
PLANTU

LA RECHERCHE EN PÉRIL

Depuis 2003, Bruno Canard, directeur de recherche au CNRS d'Aix-Marseille, travaille sur les coronavirus. Dans une lettre ouverte en mars 2020, il dénonce le désengagement européen et français dans le secteur des sciences.

« Dans mon équipe, nous avons participé à des réseaux collaboratifs européens, ce qui nous a conduits à trouver des résultats dès 2004. Mais, en recherche virale, en Europe comme en France, la tendance est plutôt à mettre le paquet en cas d'épidémie et, ensuite, on oublie. Dès 2006, l'intérêt des politiques pour le SARS-CoV avait disparu ; on ignorait s'il allait revenir. L'Europe s'est désengagée de ces grands projets d'anticipation au nom de la satisfaction du contribuable. Désormais, quand un virus émerge, on demande aux chercheurs de se mobiliser en urgence et de trouver une solution pour le lendemain. Avec des collègues belges et hollandais, nous avions envoyé il y a cinq ans deux lettres d'intention à la Commission européenne pour dire qu'il fallait anticiper... La science ne marche pas dans l'urgence et la réponse immédiate. Avec mon équipe, nous avons continué à travailler sur les coronavirus, mais avec des financements maigres et dans des conditions de travail que l'on a vues peu à peu se dégrader... »

SOIGNANTS ÉPUISÉS

Dans une étude américaine d'octobre 2020, des médecins alertent : « Le pire est à venir avec les retards de traitement, arrêts parfois, décalages temporels des chirurgies ; le bilan s'alourdit chaque jour en termes de victimes collatérales de la Covid pour les patients non Covid. Certaines simulations évoquent un total de la mortalité liée à ces retards et arrêts de traitement qui pourrait dépasser 40 % du total des morts causées directement par la Covid. »

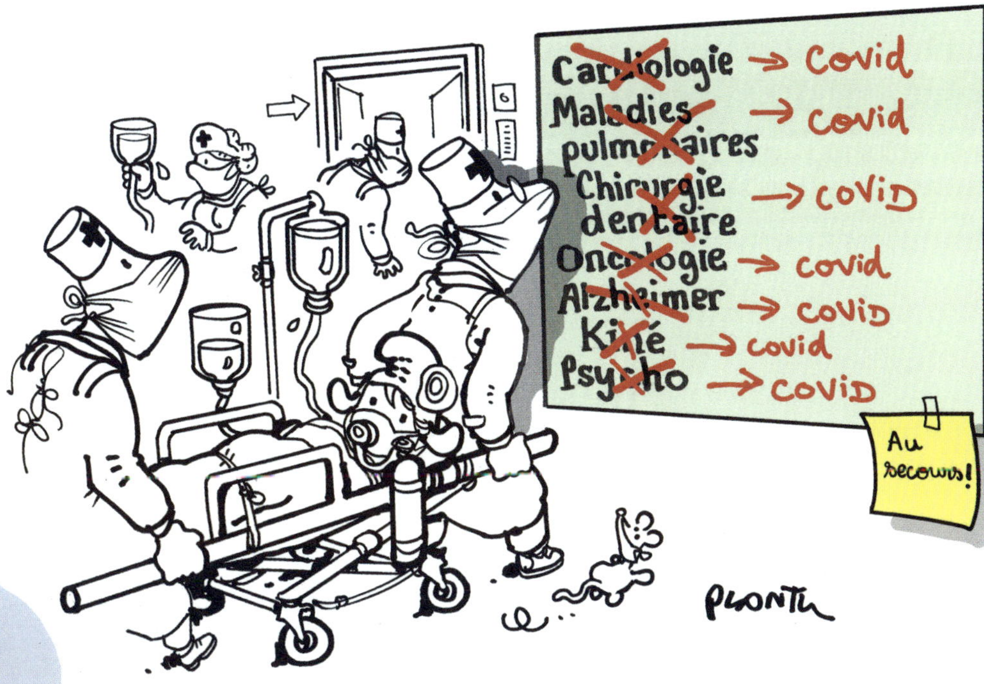

« Le dévouement des professionnels de santé est une leçon d'humilité, mais les qualifier de "héros" passe sous silence le fait que ce sont des êtres humains ; et aucun être humain ne sort indemne après des mois à côtoyer la mort et la maladie, pendant des heures interminables et exténuantes, et pour un salaire minimal. Si tout le monde a ressenti l'impact psychologique de la pandémie, nombreux sont les professionnels de santé qui ont été exposés à des traumatismes au quotidien et qui peuvent avoir besoin d'une aide supplémentaire. »

Rapport d'Amnesty International (France), octobre 2020

Le médecin malgré lui

MACRON IMMUNOLOGUE

« Un jour, il pourra briguer l'agrégation d'immunologie », s'amuse Richard Ferrand, président de l'Assemblée nationale, expliquant qu'Emmanuel Macron « lit tout ce qui sort de scientifique sur le sujet de la Covid-19 ». « Quel mépris pour les scientifiques et la science ! Pathétique », s'offusque Mahmoud Zureik, praticien hospitalier en épidémiologie et en santé publique, qui dénonce le fait de « prétendre tout lire et de se substituer aux scientifiques pour les analyses, les synthèses et le consensus scientifique. »

Confinus
Confinibus
Déconfinum !

Le président de la République arrive !
PLANTU

« IL Y A DEUX MANIÈRES DE VOIR LE MONDE »

« Quand j'étais médecin au centre médico-social de La Seyne, j'ai eu l'occasion de côtoyer le Dr Raybaud.

C'était une vedette culturelle de la ville parce que, pendant la guerre, il avait été très courageux dans la Résistance varoise.

Il m'a raconté que, jeune externe à l'hôpital de Toulon dans les années 1950, il y avait une épidémie de diphtérie. Les enfants mouraient beaucoup du « croup » quand les membranes infectieuses collées sur les amygdales les étouffaient. Chaque matin, le jeune étudiant prenait le train pour se rendre à Lyon, à l'Institut Mérieux, où il achetait une douzaine de flacons de sérum antidiphtérique qu'il rapportait le soir dans des casiers à bouteilles, comme le marchand de vin.

Mais en arrivant devant la porte de l'hôpital, il devait fendre la foule des manifestants avec pancartes qui criaient leur haine du sérum : « Pas de poison dans le corps de nos enfants. » Il se faufilait, plaçait ses douze perfusions et, en 24 heures, les douze enfants cessaient d'asphyxier et guérissaient.

Ça ne vous évoque rien ?

Comment expliquer que certaines personnes ne tiennent pas compte des observations de terrain et se soumettent à une idée qui, pour défendre leurs enfants, les laisse mourir d'asphyxie ? »

Boris Cyrulnik

Aujourd'hui
Quoi ? Me faire vacciner ? Plutôt crever !!
PLANTU

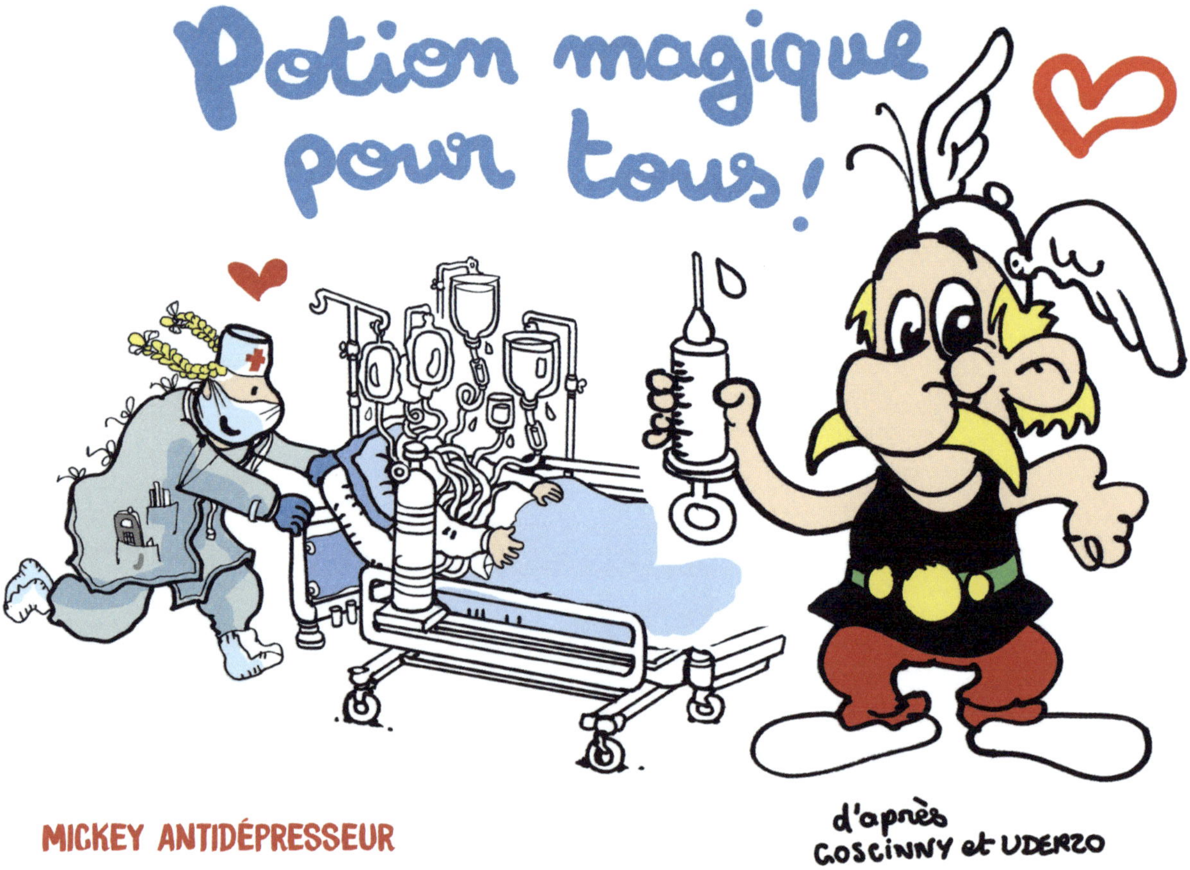

MICKEY ANTIDÉPRESSEUR

« On peut être un antidépresseur face au traumatisme qu'ont vécu certaines familles. »

Le directeur d'un parc de loisirs

Les 80 ans du capitaine Haddock

« L'homme est moins lui-même quand il est sincère, donnez-lui un masque et il dira la vérité. »

Oscar Wilde (1854-1900)

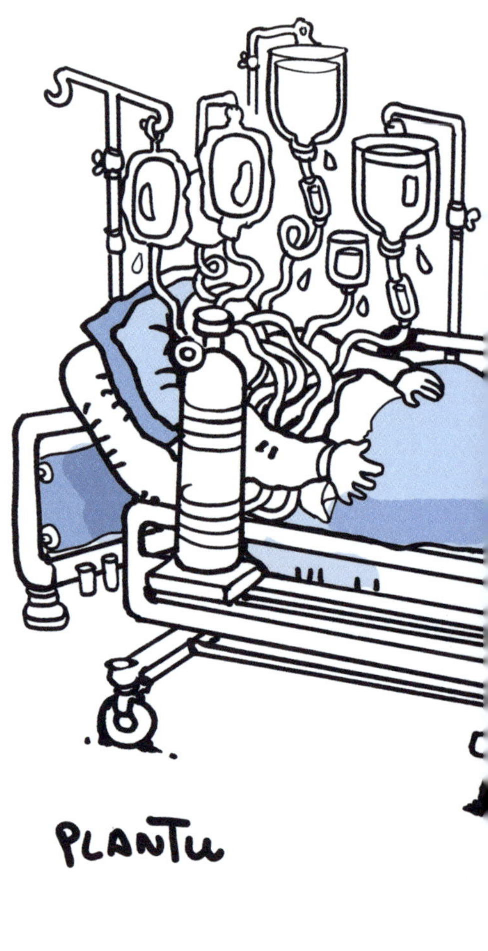

NON ESSENTIEL

« La vie continue. Il n'y a aucune raison, à part pour les populations fragilisées, de modifier nos habitudes de sortie » déclarait, le 7 mars 2020, Emmanuel Macron qui venait d'assister à la pièce *Par le bout du nez* au théâtre Antoine. Quelques semaines plus tard la culture était devenue « non essentielle »...

La ministre de la Culture a affirmé que c'était « une définition administrative » et que « ça ne reflète pas ce qu'on pense. Évidemment que la culture est essentielle. La culture est au cœur de notre projet. Il n'y a pas un pays qui fait autant pour les artistes. Les artistes sont là. On les aime. Ce n'est pas possible de nous dire qu'on ne considère pas les artistes comme essentiels. »

Roselyne Bachelot, France-Musique, 17 décembre 2020

Nouvelle série télé: La covid écarlate

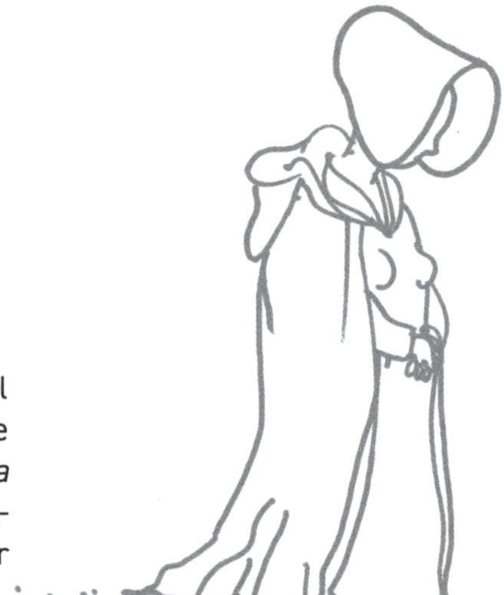

NETFLIX ET AMAZON LES GRANDS GAGNANTS

Mais le confinement n'a pas fait que des malheureux : il a renforcé la position de leader de Netflix, qui compte désormais 183 millions d'abonnés (avril 2020). Et *La Servante écarlate* (sur Prime Video, plateforme d'Amazon) fait partie des « dix séries inspirantes à regarder pendant le couvre-feu »...

NON ESSENTIEL (SUITE)

Roselyne Bachelot a beaucoup de mal à justifier que les librairies soient considérées aussi comme des commerces « non essentiels » : « Elles pourront, comme les disquaires d'ailleurs, organiser des activités de livraison et de retrait de commandes. » Le « click and collect » n'a pas pesé très lourd face au géant Amazon, le grand gagnant de la pandémie mondiale...

« ESSENTIELLES »

Les librairies rouvrent après plusieurs semaines de bataille. Une minorité des libraires considère que les livraisons permettaient de sauver l'activité, tandis qu'une majorité a mis les salariés en chômage technique.

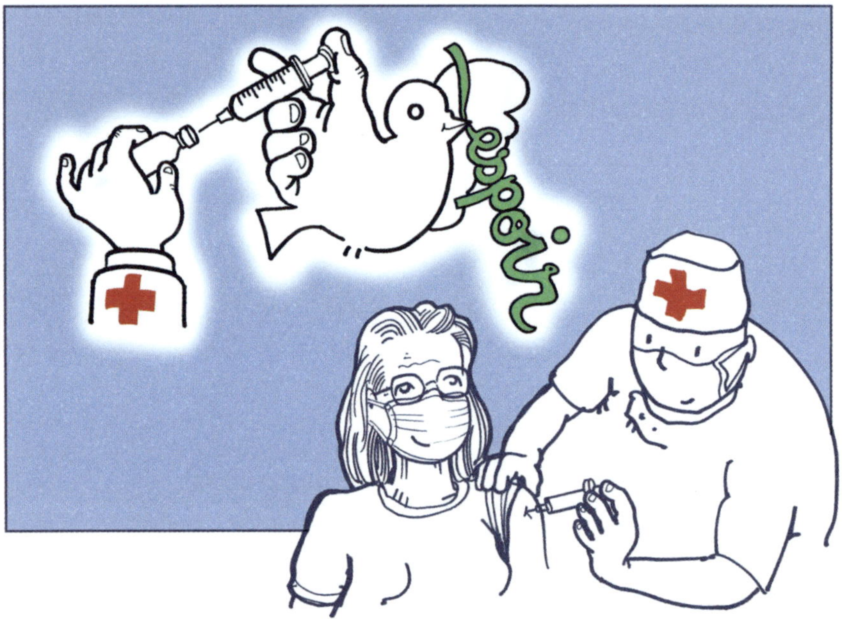

ENFIN !

À partir d'avril, les vaccins arrivent enfin en grande quantité : la France devait recevoir au total 12 millions de doses en avril, 15 millions en mai, et 28 millions en juin. Grâce à cette augmentation des livraisons de vaccins et à l'ouverture de la vaccination à de nouveaux publics, la campagne de vaccination s'intensifie.

Un vaccinodrome est ouvert au Stade de France le 3 avril ; le standard du centre de vaccination géant croule sous les appels.

Stade de
FRANCE
SAINT-DENIS

LES ANTIVAX

« Plus on est bas dans la hiérarchie sociale, plus on est réticent à la vaccination en général et contre le vaccin Covid-19 en particulier.

Ainsi, 17 % des ouvriers déclaraient qu'ils ne se feraient certainement pas vacciner contre la Covid. Contre 8 % des cadres supérieurs. Le problème est que le passe sanitaire sera probablement inefficace pour une partie de ces réfractaires à la vaccination : toute une partie de la population ne va pas au restaurant, au cinéma, au théâtre, ne prend pas le train, ni l'avion.

Pour toucher les réticents des classes populaires, du monde ouvrier et des zones périurbaines, il vaudrait mieux essayer de convaincre que de menacer. Les mesures prises par l'exécutif vont surtout servir à faire basculer les méfiants issus des classes moyennes et supérieures. Et vont donc accentuer la fracture sociale de la vaccination : c'est un paradoxe car, dans le même temps, les plus pauvres sont les plus exposés à la Covid-19. »

Alexis Spire,
directeur de recherche au CNRS

VACCINO-SCEPTIQUES

D'abord sceptiques à cause de la rapidité de la mise au point d'un vaccin (moins d'un an au lieu de dix habituellement), les Français ont assez vite compris l'importance de se faire vacciner. Mais la pénurie des doses dénoncée par de nombreux présidents de Région puis les atermoiements sur l'AstraZeneca (vaccin interdit puis remis en circulation avec de nouvelles limites d'âge) brouillent les messages gouvernementaux et créent des sentiments contradictoires dans le public.

Avant l'été 2021, plus de la moitié des Français (56 %) ne voulaient pas être vaccinés avec le vaccin Astrazeneca, et 51 % des personnes interrogées pensaient qu'il n'est pas aussi « efficace » et « sans danger » que les autres.

MERCI SEMMELWEIS !

S'entraîner à ne pas se toucher les yeux, le nez ou la bouche… Tousser dans son coude… Et se laver les mains ! Ces recommandations sont omniprésentes depuis le début de l'épidémie de coronavirus. Le rappel d'un geste simple et nécessaire, que l'on doit au médecin hongrois Ignace Semmelweis, né en 1818. Mort interné après s'être attiré les foudres de ses pairs pour avoir eu raison trop tôt, ce Hongrois avait découvert avant Pasteur les bienfaits de l'asepsie et sauvé des centaines de vie. Mais deux cents ans après sa naissance, la mise en œuvre de ses préceptes reste toujours imparfaite, selon l'Organisation mondiale de la santé : 61 % des soignants ne se lavent toujours pas les mains à bon escient, de mauvaises pratiques contre lesquelles elle a lancé la campagne de sensibilisation « un soin propre est un soin plus sûr » (une initiative lancée avant le surgissement du coronavirus SRAS-CoV-2).

***Sciences et avenir*, avril 2020**

RIEN NE SERT DE COURIR

Après des débuts laborieux, le pays compte, depuis le 25 août 2021, un pourcentage de couverture vaccinale supérieure à celui du Royaume-Uni, mais également d'Israël et des États-Unis, trois pays longtemps vus comme leaders et précurseurs en ce qui concerne le rythme vaccinal.

La France recense désormais 71,3 % de la population totale ayant reçu au moins une dose de vaccin, et 63,3 % de vaccination complète (contre 63 % au Royaume-Uni, 60,4 % en Israël et 52,5 % aux États-Unis).

27 août 2021

Les temps modernes

ESPAGNE

« Nul besoin de recourir à l'obligation de la vaccination, pas besoin de discours présidentiels à répétition pour supplier et vaincre les réticences... non, de l'autre côté des Pyrénées, le consensus est total. Grâce à une confiance inébranlable des Espagnols dans leur système de santé et les vaccins, mais aussi à une forte solidarité familiale, le pays fait désormais figure de leader de la vaccination contre le Covid-19 dans l'UE. La barre des 70 % de la population totalement vaccinée bientôt franchie, il file maintenant vers le cap des 90 %. »

***La Tribune*, 12 août 2021**

LES TEMPS MODERNES

Entre le 26 juillet et le 1er août 2021, 4 118 800 tests RT-PCR et antigéniques ont été validés (dont 54,9 % de tests antigéniques), contre 3 607 400 (dont 52,4 % de tests antigéniques) la semaine précédente, soit une augmentation de 511 300 tests du SARS-CoV-2 (50 % en une semaine), liée au déploiement progressif du passe sanitaire.

Direction de la recherche statistique du ministère de la Santé

« On travaille la nuit », indique un laboratoire confronté à la hausse de 50 % de tests.

INCITATION

« Il n'y a pas d'obligation vaccinale, il y a une incitation maximale. »

Gabriel Attal, porte-parole du gouvernement

RETOUR AU RESTO

« La priorité, c'est la motivation de nos équipes et le bonheur de retrouver nos clients, qui ont été au rendez-vous. Il y a eu un bel engouement dès la réouverture. Ils sont ravis de pouvoir retourner au restaurant et de retrouver du lien social. Aller au restaurant, c'est dans notre ADN. On a une culture du partage, du bien-vivre, et celle-ci a manqué à tous les Français ».

Philippe Etchebest, chef étoilé

QR CODE

Le passe sanitaire est appliqué
dans les cafés, les restaurants, etc.

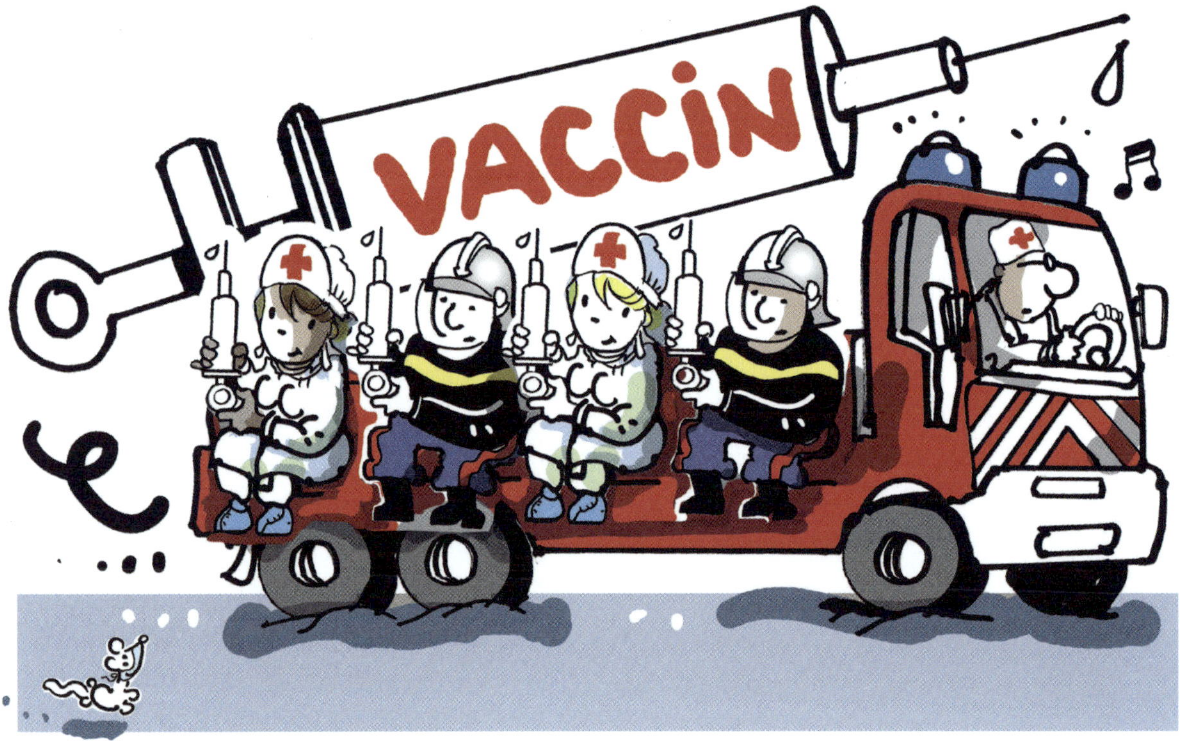

ALERTE EN OUTRE-MER

« Les médecins partis sur place en renfort depuis l'Hexagone ont témoigné d'une situation absolument catastrophique. La séquence quotidienne des annonces mortuaires à la radio l'a d'ailleurs confirmé jour après jour. Il a même fallu évacuer des patients vers la métropole… »

Le taux de vaccination tournait encore début août autour des 16 % en Martinique, Guadeloupe et Guyane, contre un peu plus de 60 % à l'échelle nationale.

France Inter, 3 septembre 2021

Si la situation s'est nettement améliorée à la Réunion, en Polynésie française le variant Delta fait des ravages. Une centaine de soignants sont envoyés en septembre 2021.

LE REJET DE LA VACCINATION

Le faible taux de vaccination s'inscrit dans un contexte de défiance qui s'est peu à peu enkysté vis-à-vis de la Métropole et de l'État. Et c'est principalement le scandale du chlordécone qui alimente ce rejet de la vaccination.

« Ce pesticide, interdit dans l'Hexagone car jugé hautement toxique, a continué d'être autorisé par l'État dans les bananeraies antillaises jusqu'en 1993, et même après cette date, afin d'écouler les stocks. En 2014, Santé publique France estimait que 90 % des Guadeloupéens et des Martiniquais en étaient toujours imprégnés. La défiance envers les autorités est aussi favorisée par le recrutement des élites dans les deux territoires. Elle continue d'être largement incarnée par des fonctionnaires venus de l'Hexagone, ce qui crée de la distance avec la population. Cela réactive l'idée qu'un rapport de domination politique est toujours à l'œuvre. »

Stéphanie Mulot, professeure de sociologie,
France Info, août 2021

PLANÈTE EN DANGER

CONVENTION CITOYENNE SUR LE CLIMAT

« Ce qui sortira de cette convention, je m'y engage, sera soumis sans filtre soit au vote du Parlement, soit à référendum, soit à application réglementaire directe », annonçait le président Emmanuel Macron en avril 2019, avant le lancement de la Convention citoyenne sur le climat.

Le projet « loi Climat », sera définitivement adopté par le Parlement le 20 juillet 2021.

« Le compte n'y est pas » pour les membres de cette convention : « Nos mesures sont devenues des mesurettes », regrettent la plupart pour qui leur « excellent travail va accoucher d'une petite souris ».

AMISH

« Je suis pour une société écologique mais pas amish », ironise Emmanuel Macron en ajoutant : « Je ne crois pas que le modèle amish permette de régler les défis de l'écologie contemporaine. »

« Tant de mains pour transformer ce monde, et si peu de regards pour le contempler »

Julien Gracq (1910-2007)

INONDATIONS EN ALLEMAGNE (180 MORTS ET 150 DISPARUS)

« Il s'agit d'une inondation qui dépasse déjà notre imagination quand on en voit les effets », a affirmé Mme Merkel, venue se recueillir en Rhénanie-du-Nord-Westphalie.

L'Allemagne annonce qu'elle va consacrer 30 milliards d'euros à la reconstruction des zones sinistrées.

Les 14 et 15 juillet 2021

INONDATIONS EN BELGIQUE (37 MORTS ET 6 DISPARUS)

Le roi Philippe et la reine Mathilde de Belgique se sont recueillis à Verviers : « Il faudra un travail énorme, peut-être dix ans, pour un retour à la normale, mais il y a eu tellement de solidarité qu'on est capables de faire des miracles », a dit Jean-Pierre Minguet, fonctionnaire dans un ministère belge.

CHANGEMENT CLIMATIQUE

Le sixième rapport d'août 2021 du Giec (Groupe d'experts intergouvernemental sur l'évolution du climat) est alarmant : « Le changement climatique induit par l'homme affecte déjà de nombreux phénomènes météorologiques et climatiques dans toutes les régions du monde et en particulier à travers les extrêmes tels que les vagues de chaleur, les fortes précipitations, les sécheresses et les cyclones tropicaux. »

« La sonnette d'alarme est assourdissante et les preuves sont irréfutables : les émissions de gaz à effet de serre provenant des combustibles fossiles et de la déforestation étouffent notre planète et mettent des milliards de personnes en danger immédiat. »

António Guterres, secrétaire général des Nations unies

AMAZONIE

Depuis le début de la présidence Bolsonaro, en 2019, la déforestation en Amazonie n'a cessé de s'accélérer, facilitée par l'absence de surveillance, selon un rapport réalisé par des universitaires et des experts d'ONG dont le WWF. L'ex-président du Brésil Luiz Inácio « Lula » da Silva plaide pour l'Amazonie et refuse que soit bradé ce patrimoine par un « Bolsonaro destructeur ».

RÊVES D'ENFANTS

La maire écologiste de Poitiers, Léonore Moncond'huy, décide de supprimer les subventions de la municipalité aux aéroclubs de la ville. Une décision motivée par la volonté de « protéger l'avenir des enfants » et de les « préserver » de leurs « rêves » d'aérien.

Le maire écologiste de Lyon, Grégory Doucet, avait refusé le passage de la patrouille de France prévu pour la fête nationale 2020 dans le ciel lyonnais. Le maire de Lyon s'est aussi montré hostile au Tour de France, « machiste » et « polluant »...

ARBRE MORT

Pierre Hurmic, maire écologiste de Bordeaux, ne veut pas d'« arbre mort » devant sa mairie. Finalement, après des milliers de protestations dans toute la France, un sapin de Noël sera installé au centre-ville.

« L'opinion des fachos, je m'assieds dessus », réplique l'édile vert...

L'espace et l'aérien font partie des rêves d'enfant

« Qu'on arrête de faire chier les Français avec une idée à la con par jour. Ces maires sont caricaturaux, c'est de la petite communication de merde, ça discrédite le message. Ils viennent d'être élus, il y a des milliards de choses à faire et ils vont un jour sur deux à la télé pour parler du Tour de France et des sapins. Mais fermez vos gueules et travaillez ! »

Isabelle Saporta, chroniqueuse écologiste

Vers la disparition des éléphants d'Afrique

LES ÉLÉPHANTS EN DANGER D'EXTINCTION

À la suite du déclin de ses populations depuis plusieurs décennies, en raison du braconnage d'ivoire et de la perte d'habitats, l'éléphant de forêt d'Afrique est désormais classé « en danger critique d'extinction » et l'éléphant de savane d'Afrique « en danger » sur la liste rouge de l'UICN (Union internationale pour la conservation de la nature) publiée le 25 mars 2021.

ABATTAGE DE VISONS AU DANEMARK

Le Danemark, premier exportateur mondial de peaux de vison, a achevé son immense campagne d'abattage de près de quinze millions de visons, décidée pour combattre les risques de mutation du coronavirus chez l'animal à fourrure, a annoncé vendredi 5 février l'autorité vétérinaire danoise.

7 MILLIONS DE RÉFUGIÉS CLIMATIQUES

En 2020, sur 55 millions de personnes déplacées, 7 millions étaient des réfugiés climatiques. Dans la majorité des cas, les causes étaient liées au climat : inondations, tempêtes, tremblements de terre ou encore les immenses feux de forêt qui ont touché la Californie aux États-Unis ou l'Australie.

Le « chiffre annuel le plus élevé depuis dix ans », précise l'Internal Displacement Monitoring Centre (IDMC) dans son rapport annuel mondial, le Global Report on Internal Displacement (GRID).

FRANCE

RÉFORME DES RETRAITES : LE FEUILLETON DU QUINQUENNAT

Durant sa campagne électorale, Emmanuel Macron avait fait de la réforme des retraites le pilier de sa politique du changement : abandon des quarante-deux régimes existants pour les fondre dans un seul et même système universel à points qui serait plus « simple » et plus « juste ».

Pour Daniel Cohen, directeur du département d'économie de l'École normale supérieure Ulm, le principe d'universalité contenu dans le projet de réforme n'est pas nécessairement synonyme de justice : « Les enseignants l'ont très vite fait comprendre au gouvernement. Comment pourraient-ils admettre que ce système est plus juste que l'ancien quand il leur promettait, dans sa version initiale, de réduire sans contrepartie leur retraite de 30 % ? »

La crise sanitaire met un terme au conflit. Jean Castex confirme que la réforme sera « maintenue » mais « décalée » et a promis « une nouvelle méthode ». Néanmoins la réforme est mise sous le boisseau et il n'est plus vraiment question de la ressortir avant l'élection présidentielle bien que le chef de l'État ait affirmé lors d'un déplacement qu'il n'excluait pas de la relancer, tout en reconnaissant que la réforme « ne pourra être reprise en l'état »...

« N'anticipons pas, comme disait Mathusalem à qui l'on parlait de la retraite des vieux. »

Fernand Raynaud
(1926-1973)

Encore une femme agressée

SURSAUT RÉPUBLICAIN

Après la gifle reçue par le président de la République lors de sa visite dans la Drôme, la classe politique dans son ensemble a unanimement condamné cette agression, qui a valu à son responsable 18 mois de prison dont 4 mois ferme.

VIOLENCES CONJUGALES

Le ministre de l'Intérieur, Gérald Darmanin, déclare que les violences intrafamiliales sont « en train de devenir le premier motif d'intervention des policiers et gendarmes ». L'Académie nationale de médecine, de son côté, fait le constat que « parmi les nombreux effets collatéraux de la pandémie de Covid-19, il est apparu que la crise sanitaire actuelle offrait un terrain propice à l'augmentation des violences conjugales et intrafamiliales. En France, elles auraient progressé de 30 % lors du premier confinement ».

102 femmes sont mortes en 2020, tuées par leur conjoint ou ex-conjoint.

Michel Zecler souhaite reconcilier les jeunes et la police

BAVURE POLICIÈRE

Le soir du 21 novembre 2020, à la suite d'un contrôle pour non-port de masque, Michel Zecler, producteur de rap, est roué de coups par des policiers qui entrent dans le studio d'enregistrement. La scène filmée et diffusée sur le Web montre Michel Zecler résister sans violence et appelant à l'aide. Emmanuel Macron, « choqué par la vidéo montrant cet homme tabassé par les policiers », demande à son ministre de l'Intérieur des sanctions exemplaires. Gérald Darmanin déclare à la télévision que « ces images sont inqualifiables » et annonce qu'il a saisi l'Inspection générale de la police nationale.

Cette affaire intervenant en plein débat sur la loi « relative à la sécurité globale » oblige le gouvernement à retirer l'article 24, qui punissait « la provocation à l'identification des policiers ». Or comme l'a affirmé Michel Zecler « sans les images vidéo, il serait en prison ».

Mais le producteur refuse toute récupération politique et tout amalgame et tient à préciser « qu'il a des amis policiers » et qu'il « a reçu des messages de policiers qui l'ont remercié de ne pas tout mélanger ».

Attention : pas d'images à des fins malveillantes !
PRESSE
CLIC !
PLANTU

PLANTU
Gouvernement flou
Policier flouté

LA CIBLE

« Le meurtre à coups de couteau d'une fonctionnaire de police de 49 ans vendredi 23 avril 2021 à Rambouillet rappelle que l'institution, parce qu'elle représente l'autorité de l'État, est une cible privilégiée des attaques terroristes islamistes.

Depuis six ans, l'institution policière a été ébranlée par plusieurs attaques terroristes : trois agents décédés dans les attentats de janvier 2015, un couple de fonctionnaires tué à coups de couteau à son domicile, à Magnanville (Yvelines), en 2016, un policier tué par balle sur les Champs-Élysées en 2017. Jusqu'à l'attentat au sein même de la maison police, commis par un informaticien de la Direction du renseignement dans l'enceinte de la préfecture de police de Paris en 2019. Une attaque qui a coûté la vie à quatre policiers. »

Hippolyte Radisson, *La Croix*, 24 avril 2021

« Chaque Français verra plus de bleu sur le terrain en 2022 qu'en 2017. Ça rassure les gens, ça dissuade les délinquants », a déclaré le chef de l'État à la veille d'un déplacement à Montpellier sur le thème de la sécurité.

Avril 2021

AFFAIRE SARKOZY-PAUL BISMUTH

L'affaire des écoutes : Thierry Herzog, l'avocat de Nicolas Sarkozy, a ouvert à son client une ligne au nom de Paul Bismuth, dans l'espoir de déjouer la surveillance de la police.

Nicolas Sarkozy, condamné en première instance le 1er mars 2021 à 3 ans de prison dont 1 ferme pour corruption et trafic d'influence, fait appel.

AFFAIRE SARKOZY-TAKIEDDINE

Soupçonné dans l'affaire des financements lybiens, Nicolas Sarkozy est mis en examen pour « corruption passive » et en 2020 pour « association de malfaiteurs en vue de la préparation de ces délits ». Ziad Takieddine, qui avait retiré ses accusations contre Nicolas Sarkozy en novembre 2020, l'incrimine de nouveau devant les enquêteurs en janvier 2021.

AFFAIRE DUPOND-MORETTI

Éric Dupond-Moretti, célèbre avocat pénaliste, avait, avant de devenir ministre de la Justice, déposé plainte contre trois magistrats du Parquet national financier qu'il avait qualifiés de « dingues aux méthodes de barbouzes ». Devenu garde des Sceaux, il retire sa plainte mais demande une enquête disciplinaire contre ces magistrats. Le procureur général près la Cour de cassation ouvre une information judiciaire visant Éric Dupond-Moretti ; celui-ci est mis en examen pour « prise illégale d'intérêt » par la Cour de justice de la République le 16 juillet 2021. C'est la première fois qu'un garde des Sceaux en exercice se retrouve mis en examen.

MISES EN EXAMEN

Après la condamnation à la prison ferme de Nicolas Sarkozy qui met un terme à son retour en tant que candidat à la présidentielle de 2022, la mise en examen de Dupond-Moretti embarrasse l'Élysée. Emmanuel Macron affirmait en mars 2017 à propos de l'affaire Fillon : « Dans le principe, un ministre mis en examen doit quitter le gouvernement. »

UN ENSEIGNANT ASSASSINÉ

Hommage national à Samuel Paty décapité à Conflans-Sainte-Honorine le 16 octobre 2020 pour avoir montré des caricatures de Mahomet dans sa classe.

« Si parfois vous étiez embarrassé pour savoir jusqu'où il vous est permis d'aller dans votre enseignement moral, voici une règle pratique à laquelle vous pourrez vous tenir : avant de proposer à vos élèves un précepte, une maxime quelconque, demandez-vous s'il se trouve, à votre connaissance, un seul honnête homme qui puisse être froissé de ce que vous allez dire. Demandez-vous si un père de famille, je dis un seul, présent à votre classe et vous écoutant, pourrait de bonne foi refuser son assentiment à ce qu'il vous entendrait dire. Si oui, abstenez-vous de le dire ; sinon, parlez hardiment, car ce que vous allez communiquer à l'enfant, ce n'est pas votre propre sagesse, c'est la sagesse du genre humain, c'est une de ces idées d'ordre universel que plusieurs siècles de civilisation ont fait entrer dans le patrimoine de l'humanité. »

Jules Ferry (1832-1893), ministre de l'Instruction publique, ***Lettre du 17 novembre 1883 aux instituteurs***

Hommage à Samuel Paty

« Celui qui ouvre une porte d'école, ferme une prison. »
Victor Hugo

Ils n'auront pas notre futur

« Samuel Paty fut tué parce que les islamistes veulent notre futur et qu'ils savent qu'avec des héros tranquilles comme lui ils ne l'auront jamais. »

Emmanuel Macron
dans son hommage à Samuel Paty
(21 octobre 2020 dans la Cour de la Sorbonne)

NOTRE-DAME DE NICE

Le 29 octobre 2020, un terroriste tue à coups de couteau trois fidèles de la basilique Notre-Dame de Nice.

« Les lieux de culte ont toujours été une cible ; et leur nombre très important rend leur protection particulièrement difficile. »

Marc Hecker, spécialiste de la radicalisation à l'Institut français des relations internationales (Ifri)

« Toujours les hommes qui prétendent combattre pour Dieu sont les plus insociables sur terre parce qu'ils croient entendre des messages divins, leurs oreilles restent sourdes à toute parole d'humanité. »

Stefan Zweig (1881-1942)

« Que répondre à un homme qui vous dit qu'il aime mieux obéir à Dieu qu'aux hommes, et qui, en conséquence, est sûr de mériter le ciel en vous égorgeant ? »

Voltaire (1694-1778)

LIBERTÉ-ÉGALITÉ-FRATERNITÉ

FRATERNITÉ

« Le vivre-ensemble, la fraternité ne peuvent être pensés indépendamment de l'apprentissage et de l'exercice de la démocratie. Cet exercice passe par exemple par la mise en place de projets communs unissant différents élèves, permettant de découvrir des cultures et d'ouvrir des perspectives d'avenir. »

Aziz Jellab, inspecteur général de l'Éducation nationale,
auteur d'*Une fraternité à construire*

Empathie

À Trappes, il existe une école (l'École Henri Wallon), où les maîtresses ont installé

La chaise des émotions

Quand les enfants sont trop énervés, trop bruyants trop en colère, les maîtresses installent l'enfant agité sur "la chaise des émotions".

À celui qui veut donner des gifles, les maîtresses qui enseignent **l'empathie**, lui donnent des crayons, des feutres, du papier et... il se calme !

CÉLÉBRER LA COMMUNE ?

Les 150 ans de la Commune de Paris ont provoqué un psychodrame à la Mairie de Paris : doit-on célébrer cet anniversaire ou non ? Ce débat intervient au moment de la polémique lancée par Frédérique Vidal, ministre de l'Enseignement supérieur et de la Recherche dénonçant l'islamo-gauchisme qui gangrènerait l'Université. La conférence des présidents d'université fait part de « sa stupeur face à une nouvelle polémique stérile sur le sujet de l'islamo-gauchisme à l'université ».

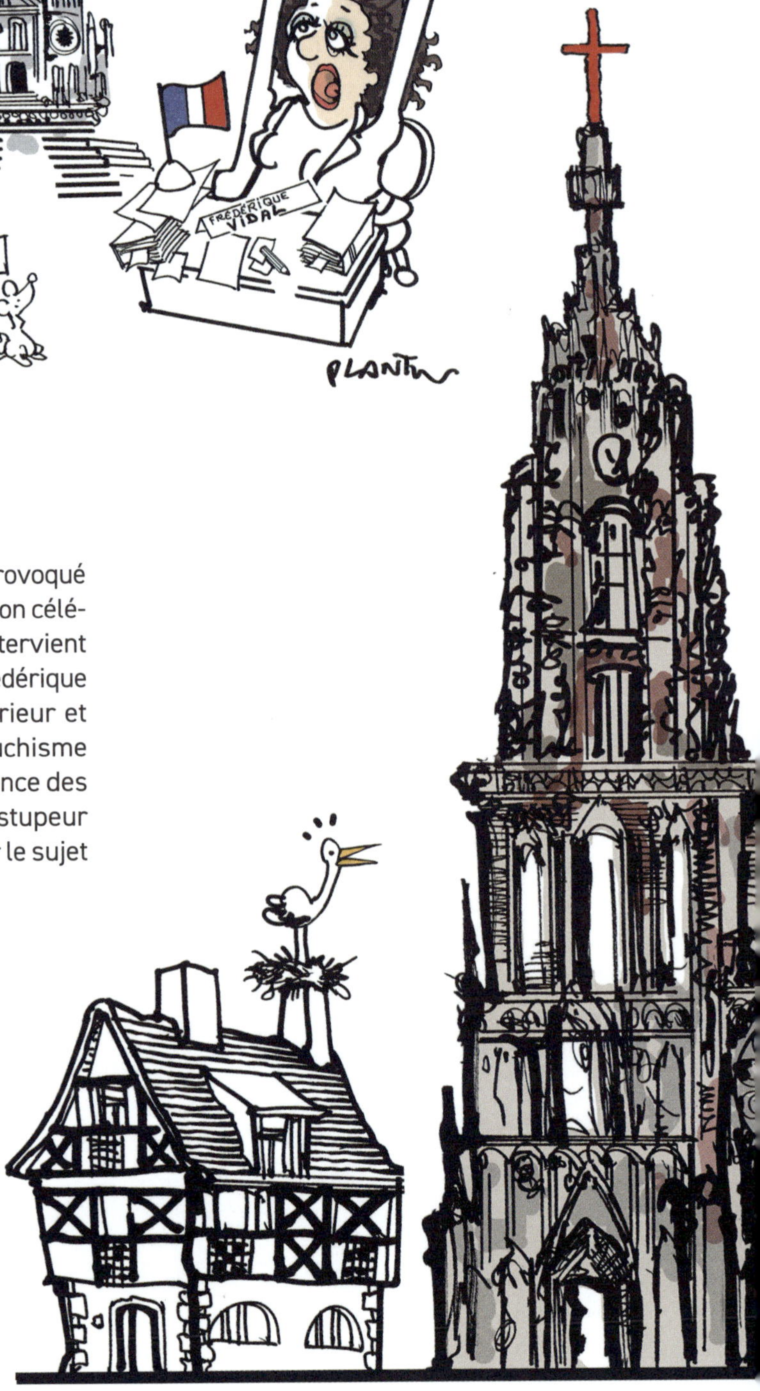

Strasbourg

MOSQUÉE DE STRASBOURG

La décision de la maire de Strasbourg d'accorder une subvention pour la construction d'une mosquée déclenche une polémique. Si, en 2017, les élus de tous les partis (sauf les Verts) et les notables strasbourgeois étaient présents lors de la pose de la première pierre, la situation en 2021 a changé : l'organisation qui porte le projet n'a pas signé la Charte des principes pour l'islam de France.

Le ministre de l'Intérieur, Gérald Darmanin, dénonce un « islam politique » et « une ingérence étrangère », en l'occurrence de la Turquie.

La demande de subvention sera finalement retirée. Mais « ce rejet va laisser des traces », estime Maurice Dahan, président du Consistoire israélite du Bas-Rhin.

Heu !...
En même
temps !
NAPOLEON
BICENTENAIRE
PLANTU

« NAPOLÉON EST UNE PART DE NOUS »

Le débat sur l'opportunité de commémorer Napoléon est resté feutré, marqué par quelques critiques d'élus de gauche qui regrettent de leur côté l'absence de célébration des 150 ans de la Commune par le président. Des communiqués venant de Martinique et Guadeloupe dénoncent des hommages à un « raciste liberticide » qui a rétabli l'esclavage.

***Le Monde*, 5 mai 2021**

Emmanuel Macron rendra finalement un hommage en demi-teinte avec « la volonté de ne rien céder à ceux qui entendent effacer le passé au motif qu'il ne correspond pas à l'idée qu'ils se font du présent ». Le président a précisé que de « l'Empire nous avons renoncé au pire, de l'Empereur nous avons embelli le meilleur » et a invité à « regarder notre histoire en face et en bloc ».

RÉGIONALES

Abstention record pour les élections régionales : près de 66 %. Obtenant 52,4 % des voix dans les Hauts-de-France, Xavier Bertrand s'est invité dans le futur duel annoncé Macron/Le Pen. Xavier Bertrand avait fait de sa réélection dans les Hauts-de-France la condition pour être candidat à la présidence de la République.

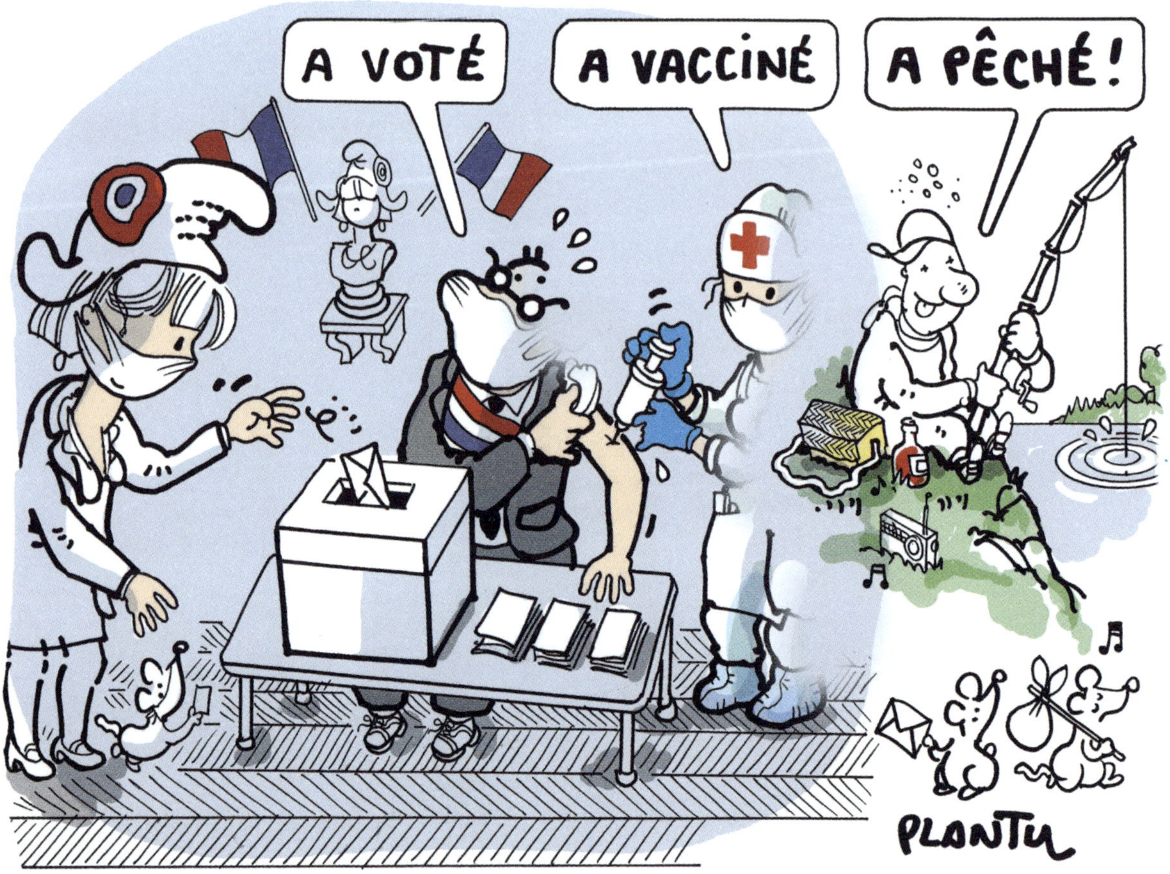

SONDAGES

« Quelle claque aux commentateurs et aux sondeurs ! Faut vous faire rembourser ! », a lancé Rachida Dati à propos du coût de ces sondages pour les médias. « La réalité, c'est qu'ils se sont plantés aux européennes, ils se sont plantés aux municipales et aux régionales », a renchéri Olivier Faure, le patron du Parti socialiste.

CAFOUILLAGES

Bureaux fermés, bulletins manquants, professions de foi non distribuées : les cafouillages ont émaillé ces régionales et ont cristallisé la colère de tous les partis.

INTERNATIONAL

ARMÉNIE
AZERBAÏDJAN
HAUT-
KARABAKH
BAKOU
PLANTU

HAUT-KARABAKH

Une guerre oppose la République autoproclamée du Haut-Karabakh soutenue par l'Arménie, et l'Azerbaïdjan, soutenu par la Turquie, pour le contrôle du Haut-Karabakh. Ce dernier est un État non reconnu par la communauté internationale depuis son indépendance unilatérale de l'Azerbaïdjan en 1991.

Le 9 novembre, après la prise de la ville de Chouchi par l'armée azerbaïdjanaise, le Premier ministre arménien accepte de signer un accord de fin des hostilités sous l'égide de la Russie.

TURQUIE-SYRIE

La Turquie multiplie les frappes de drones contre les positions du régime de Bachar el-Assad à Idleb. Mais, pour la première fois, Ankara a annoncé officiellement, le 1er mars 2021, que ces frappes s'inscrivent dans le cadre d'une opération plus générale : il s'agit de mettre fin aux massacres du régime et d'empêcher une vague migratoire. En quelques jours, l'aviation turque a abattu trois avions de l'armée syrienne.

SYRIE, 388 000 MORTS EN DIX ANS

« Une décennie de morts, de destructions et de déplacements ne doit pas affecter notre solidarité envers les Syriens », demande Filippo Grandi, haut-commissaire des Nations unies pour les réfugiés. Malheureusement le monde en proie à la pandémie du coronavirus a en grande partie effacé les pays en guerre des actualités quotidiennes.

« Les mosquées sont nos casernes, les coupoles nos casques, les minarets nos baïonnettes, les croyants nos soldats... »

Erdogan (1997)

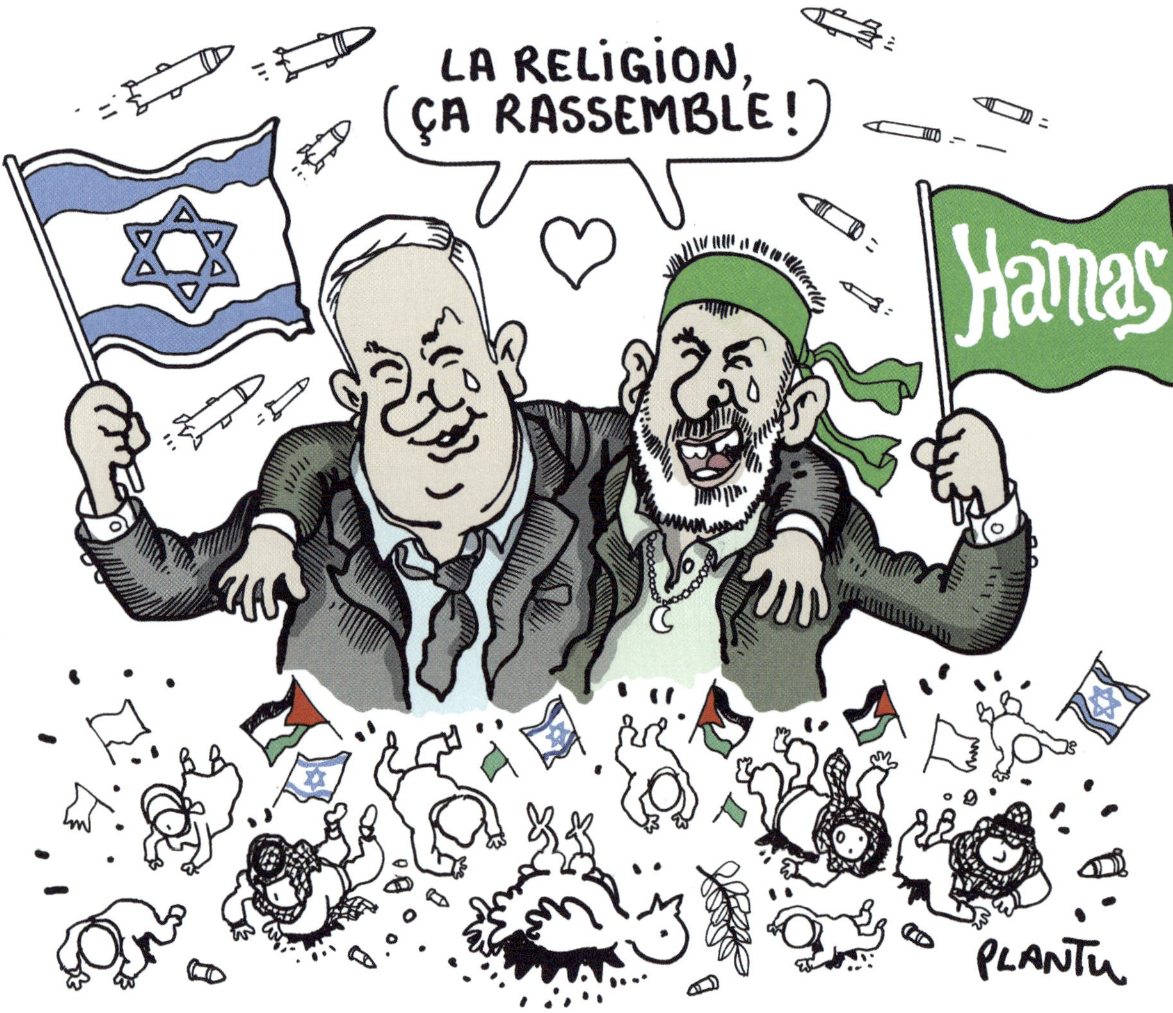

ISRAËL-HAMAS

« Nous avons atteint les objectifs de l'opération avec un succès exceptionnel », a affirmé Benyamin Netanyahou à des journalistes au quartier général de l'armée à Tel-Aviv, après onze jours (10-21 mai 2021) d'hostilités sanglantes entre les forces israéliennes et le Hamas islamiste au pouvoir à Gaza qui ont fait 243 morts côté palestinien et 12 morts en Israël.

Dès l'entrée en vigueur de la trêve, des milliers de Palestiniens ont célébré l'événement dans les rues du centre de Gaza City. « Ceci est l'euphorie de la victoire », a lancé Khalil al-Hayya, numéro deux du bureau politique du Hamas dans la bande de Gaza, lors d'un discours devant des manifestants en liesse.

ACCORD STRATÉGIQUE

La signature des accords de normalisation entre Israël, les Émirats arabes unis et Bahreïn, le 15 septembre 2020 à la Maison-Blanche représente une première pour ces deux pays du Golfe. Donald Trump, qui a parrainé cette opération, espère, à deux mois des élections, en retirer un gain politique.

VISITE DU PRÉSIDENT ÉGYPTIEN

« Emmanuel Macron qui reçoit à Paris son homologue égyptien, Abdel Fattah al-Sissi, plaide en faveur d'une "ouverture démocratique" et d'"une société civile active" dans un pays accusé par les ONG de bafouer les droits humains, tout en refusant de conditionner à cette question "le partenariat stratégique" entre Paris et Le Caire. »

France 24, décembre 2020

« En vendant trente rafales au Caire, la France renforce ce "partenariat stratégique" avec l'Égypte du président al-Sissi, devenue le quatrième client d'armes de l'Hexagone. À la différence de contrôles parlementaires existants dans plusieurs démocraties, les ventes d'armes aux régimes dictatoriaux restent opaques en France ».

Marie Verdier, *La Croix*, 4 mai 2021

ISRAËL AU TRAVAIL

Le gouvernement israélien s'accorde sur un budget après trois ans de blocage. La coalition hétéroclite du gouvernement a approuvé le budget faisant la part belle à la santé et à la défense. « Après des années de négligence, nous proposons ce matin le budget le plus audacieux, le plus compétitif, le plus utile aux démunis et le plus soucieux de l'avenir de nos enfants depuis des années [...] Après trois ans de stagnation, Israël se remet au travail. »

Naftali Bennett,
Premier ministre israélien, août 2021

ADIEU NETANYAHOU

Le Premier ministre israélien, Benjamin Netanyahou, est remplacé par une coalition fragile, prometteuse et inattendue. Un leadership basé sur deux hommes foncièrement différents, Naftali Bennett, droite religieuse nationaliste, et Yaïr Lapid, centre laïc, qui se respectent et s'apprécient. Avec le soutien d'Avigdor Lieberman et... d'un parti arabe musulman. Du jamais-vu.

CAMPAGNE AMÉRICAINE

« Les États-Unis retiennent leur souffle après une invraisemblable campagne marquée par un climat très tendu et par l'épidémie de la Covid-19. Elle a bouleversé les plans des deux candidats, creusant encore le fossé qui les sépare. Joe Biden a fait du coronavirus l'un de ses principaux thèmes de campagne, avec la volonté de rassembler un pays miné par les divisions. Il n'a cessé de présenter la crise sanitaire comme le révélateur des dysfonctionnements de l'administration Trump, du manque d'empathie et de l'incompétence, selon lui, du président. Au contraire, Trump a dénoncé quotidiennement, ou presque, la trop grande attention prêtée à l'épidémie, instrumentalisée, à l'en croire, par les médias uniquement pour lui nuire. »

Gilles Paris, *Le Monde*, 2 novembre 2020

TRUMP MALADE

Alors que Donald Trump a mené une campagne comme si l'épidémie n'existait pas, le président américain attrape la Covid-19 en octobre 2020.

VICTOIRE DE JOE BIDEN ET DE KAMALA HARRIS

Avec plus de 81 millions de voix au niveau national, Joe Biden est le président élu ayant recueilli le plus de suffrages dans l'histoire américaine. Il devance Donald Trump de plus de sept millions de votes.

Joe Biden prononce le 8 novembre 2020 son discours de victoire depuis son fief de Wilmington, dans le Delaware. L'ancien vice-président s'engage à être « un président qui rassemble et non pas qui divise, le président de tous les Américains ».

À 78 ans, il devient le président le plus âgé à entrer à la Maison-Blanche et le deuxième président de confession catholique (soixante ans après John Fitzgerald Kennedy) ; il a choisi comme vice-présidente Kamala Harris, sénatrice et ancienne procureure de Californie. C'est la première fois qu'une femme noire est nommée à ce poste : « Une personne intelligente, forte et prête à diriger ; une combattante sans peur pour défendre les faibles, et parmi les meilleurs serviteurs du pays », a affirmé Joe Biden.

TENTATIVE DE COUP D'ÉTAT

Le 6 janvier 2021, des milliers de manifestants, qui n'acceptent pas le résultat du vote américain en faveur de Joe Biden, encouragés par les discours de Trump les appelant à « se battre de toutes leurs forces », envahissent le Capitole, où se déroule la certification des résultats. « Nous allons marcher jusqu'au Capitole, et nous allons encourager nos courageux sénateurs et membres du Congrès [...] Nous ne reprendrons jamais notre pays avec de la faiblesse. Vous devez faire preuve de force et vous devez être forts », avait déclaré Donald Trump peu auparavant en s'adressant à une foule de plusieurs milliers de personnes rassemblées sur la pelouse du National Mall.

Joe Biden qualifie les événements de « séditieux et insurrectionnels » et demande au président Trump d'appeler à la fin des violences. Ce qu'il fait tout en continuant à tweeter des messages parlant de fraudes électorales et de victoire volée...

TRUMP PRIVÉ DE RÉSEAUX SOCIAUX

À partir du 7 janvier 2021, les comptes Facebook, Twitter et Snapchat de Trump sont suspendus pour « incitation à la violence ».

DESTITUTION ?

La Chambre des représentants vote le 13 janvier une seconde procédure de destitution de Donald Trump pour « incitation à l'insurrection contre le gouvernement des États-Unis ». Le 14 février, le Sénat vote et le résultat est de 57 voix à 43. Sept républicains ont rejoint les démocrates unanimes. Il fallait 67 voix pour déclarer Trump coupable. Il est acquitté mais c'est la seule fois dans l'histoire des procès en destitution aux États-Unis où autant de sénateurs du même bord politique que l'inculpé votent pour sa culpabilité.

Mike Pence, vice-président des États-Unis et président du Sénat, prononce, le 7 janvier 2021, la victoire définitive de Joe Biden, élu 46e président des États-Unis par 306 voix, contre 232 pour Trump.

PLANTU

PLANTU

« L'Amérique est de retour », a répété à l'envi Joe Biden, ravi à l'issue d'un sommet « extraordinaire » du G7. Son entrée sur la scène internationale a été accueillie comme une « bouffée d'air frais » par ses partenaires. Emmanuel Macron s'est félicité devant Biden « d'avoir un président américain qui fait partie du club et a très envie de coopérer ». « Nous sommes sur la même ligne », lui a répondu celui-ci.

***Le Figaro*, 13 juin 2021**

Mais l'attitude de Joe Biden vis-à-vis de la Russie et de la Chine n'est pas fondamentalement différente de celle de Trump.

BIDEN TRAVAILLE

Une semaine après son arrivée à la Maison-Blanche, Joe Biden a déjà signé 34 décrets, un record. Joe Biden a commencé par détricoter l'héritage politique de Donald Trump. Selon le site d'information américain *Politico*, sur les dix-sept décrets signés dès son premier jour dans le bureau Ovale, douze étaient destinés à abroger des dispositions prises par son prédécesseur.

Aux Républicains qui l'accusent d'avoir encouragé un appel d'air en assouplissant la politique migratoire de Donald Trump, il a rétorqué sèchement : « Je ne vais pas m'excuser d'avoir aboli des politiques qui violaient le droit international et la dignité humaine. »

DÉSENGAGEMENT EN AFGHANISTAN : APRÈS LA FRANCE, LES ÉTATS-UNIS

Décidé par Nicolas Sarkozy et réalisé par François Hollande, le désengagement de la France en Afghanistan a été effectif en 2012 : les talibans ont salué cette « bonne initiative de la France » et ont appelé les pays de l'Otan à suivre cet exemple.

Ce qui a été fait : le retrait des soldats américains déployés en Afghanistan a été négocié par Trump avec les talibans en 2020 et confirmé par Joe Biden pour qui « l'heure était venue de mettre fin à la plus longue guerre de l'Amérique ». Les troupes américaines auront « quitté l'Afghanistan avant le vingtième anniversaire de ces attentats odieux du 11-Septembre » a-t-il affirmé. Mais le retrait ne s'est pas déroulé comme Joe Biden l'avait prévu : « Le risque de voir les talibans tout diriger et s'emparer du pays est hautement improbable ». La prise de Kaboul par les talibans le 15 août a transformé le retrait en une fuite précipitée.

FIN DE L'OPÉRATION BARKHANE

Après plus de huit ans d'engagement massif, des sommes colossales englouties et cinquante soldats morts au combat, le président français a annoncé en juin la fin prochaine de l'opération Barkhane avec une revue à la baisse des effectifs français, la fermeture de bases militaires et une réarticulation de la lutte antidjihadiste autour de partenaires européens.

« Parce que les succès que nous avons enregistrés nous le permettent, parce que la nature de la menace évolue, nous entamons une nouvelle évolution de notre engagement au Sahel. »

Emmanuel Macron, 9 juillet 2021

PLANTU

« L'Afghanistan est le tombeau du droit d'ingérence. C'est un aboutissement tragique qui montre le niveau d'illusions des Occidentaux. Dans une vision délirante, les Occidentaux pensaient que la décolonisation n'avait pas eu lieu, qu'ils allaient régner sur le monde, et pouvoir imposer leurs conceptions des droits de l'homme dans une forme d'évangélisation. Cela a abouti à un fiasco monumental. C'est ce que j'appelle l'immoralisme du moralisme. »

Hubert Védrine, *Marianne*, 13 août 2021

PLANTU

2001

2021

GEORGE FLOYD

Le mouvement Black Lives Matter (Les vies noires comptent), né en 2013, a été réactivé par la mort, à la suite de violences policières, de George Floyd. Malgré le soutien de Donald Trump, le principal accusé a été condamné à vingt-deux ans de prison.

GENOU À TERRE

Mettre un genou à terre remonte aux années 1960. Martin Luther King fit ce geste en 1965 à Selma avant d'être arrêté. Mais c'est après la mort de George Floyd que ce geste a été repris dans le monde entier comme un appel à la lutte contre tous les racismes. Le futur président Joe Biden a lui aussi mis un genou à terre durant sa campagne électorale.

« À l'Euro 2021, une partie des footballeurs, y compris français, n'hésitent plus à prendre position contre le racisme ou l'homophobie. Deux sujets particulièrement sensibles au Qatar, où se déroulera la Coupe du monde de 2022. Faut-il s'attendre à une même prise de conscience des sportifs ? »

Vincent Gény, *Marianne*, juin 2021

manifestant contre le racisme anti-homosexuel au Qatar
Emirates
Ouaah!! Je rêve ?!!
Evidemment que tu rêves !
PLANTU

CONSTITUTION
DE L'ARMÉE
BIRMANE
PLANTU

BIRMANIE

Depuis le 1er février 2021, date du coup d'État militaire qui a proclamé l'état d'urgence et renversé la dirigeante en place, Aung San Suu Kyi, pas un jour ne passe sans que les manifestants pro-démocratie affrontent les forces de l'ordre, notamment dans la capitale birmane, Rangoun. Le conflit devient de plus en plus violent. Deux cents quarante civils sont morts, des centaines de manifestants ont été arrêtés et des personnes ont disparu. Les militaires tentent d'éteindre le mouvement en mettant la pression sur la population.

DROITS DE L'HOMME

Un rapport très complet sur le sort des minorités musulmanes en Chine et en particulier des Ouïghours réclame une commission d'enquête des Nations unies.

« Emprisonnements, tortures et persécutions à grande échelle des minorités musulmanes au Xinjiang : non pas une "transformation par l'éducation" mais des crimes contre l'humanité ! »

Amnesty International

LA CHINE SUR MARS

Après un voyage de près d'un an depuis la Terre, le robot chinois Zhurong s'est posé sur Mars. L'envoi de ce robot sur Mars constitue une grande victoire pour la Chine, devenue le deuxième pays au monde à réussir une telle opération après les États-Unis.

ÉCONOMIE

D'après les estimations de certains organismes comme la Banque mondiale ou le Centre for Economics and Business Research (CEBR), la Chine pourrait devenir la première puissance économique mondiale d'ici 2030, à condition, toutefois, qu'elle maintienne un taux de croissance d'environ 5,5 % par an. Alors que 2020 fut très difficile pour une grande partie des pays en raison de la crise sanitaire, la Chine a été l'une des rares économies au monde à dégager de la croissance.

***Les Échos-Investir*, 23 juin 2021**

ENQUÊTE OMS

Une première mission d'experts de l'OMS à Wuhan en janvier 2021 a conclu qu'il était hautement improbable que le virus SARS-CoV-2 se soit échappé d'un laboratoire et que celui-ci était plus certainement d'origine animale. Sous la pression constante de scientifiques internationaux peu convaincus par les conclusions du rapport publié le 30 mars, l'OMS a demandé en juillet 2021 une enquête plus poussée : cette requête s'est heurtée à un refus cinglant de la part des autorités chinoises.

Alors, les amis ? Du nouveau ?
QUI PARLE LE PANGOLIN ?
OMS
PLANTU

LONDRES : LE VACCIN ARRIVE !

Pour le gouvernement conservateur de Boris Johnson, l'enjeu est crucial : « La semaine qui vient est un moment historique », prévient le ministre britannique de la Santé, Matt Hancock. Dans une opération de communication, celui-ci désigne le premier jour de la campagne de vaccination contre la Covid-19, mardi 8 décembre 2020, comme le « V-Day », en référence au D-Day, jour du débarquement des Alliés en Normandie pendant la Seconde Guerre mondiale. En faisant du Royaume-Uni le premier pays au monde à autoriser le déploiement des vaccins, Boris Johnson tente un coup politique. Il espère faire oublier sa gestion chaotique de la pandémie de Covid-19. En effet, son pays a été le plus durement touché en Europe.

VACCIN
PLANTU

VERS LE BREXIT (9 DÉCEMBRE 2020)

Les positions de Londres et de l'Union européenne demeurent « très éloignées » pour parvenir à un accord post-Brexit, a estimé la présidente de la Commission européenne, Ursula von der Leyen, à l'issue d'une rencontre de plus de trois heures avec Boris Johnson.

BREXIT, LE 30 DÉCEMBRE 2020

« L'accord que nous avons signé aujourd'hui est le résultat de mois d'intenses négociations dans lesquelles l'Union européenne a montré une unité sans précédent. C'est un accord juste et équilibré qui protège totalement les intérêts fondamentaux de l'Union européenne ».

Charles Michel, président du Conseil européen

« En signant cet accord, nous exauçons le souhait souverain du peuple britannique de vivre selon ses propres lois, établies par son propre parlement élu. »

Boris Johnson

« Je pense que tout le monde a vu, au cours de ces longues années de négociations, que c'était compliqué et que cela avait beaucoup de conséquences graves et négatives qui n'avaient pas été évoquées lors de la campagne du Brexit. Il y a eu des mensonges. Nigel Farage (député européen partisan du Brexit et classé à l'extrême droite au Royaume-Uni) et d'autres ont menti, ont fait de la démagogie, je le leur ai dit en face quand je les ai rencontrés. Je n'ai toujours pas compris la valeur ajoutée du Brexit, et pour le Royaume-Uni et pour nous, je pense que c'est lose/lose. Nous sommes amputés d'un grand pays et ce grand pays se retrouve tout seul. »

Michel Barnier, à France 24 le 26 janvier 2021

MORT DE PHILIP MOUNTBATTEN (1921-2021), MARI DE LA REINE ÉLISABETH II DEPUIS 1947

« Il a tout simplement été ma force et mon soutien durant toutes ces années et le demeure. Et moi, et sa famille entière, et ce pays, et beaucoup d'autres pays, nous lui devons plus qu'il ne le dira jamais. » Ce sont ces mots, prononcés par la reine Élisabeth lors de la célébration de ses 50 ans de mariage en 1997, qui ont été republiés sur le compte Instagram de la famille royale au lendemain de la mort du prince Philip.

COMMUNICATIONS POLITIQUES

« Nous sommes dans une société qui communique mais qui ne transmet pas »

Régis Debray

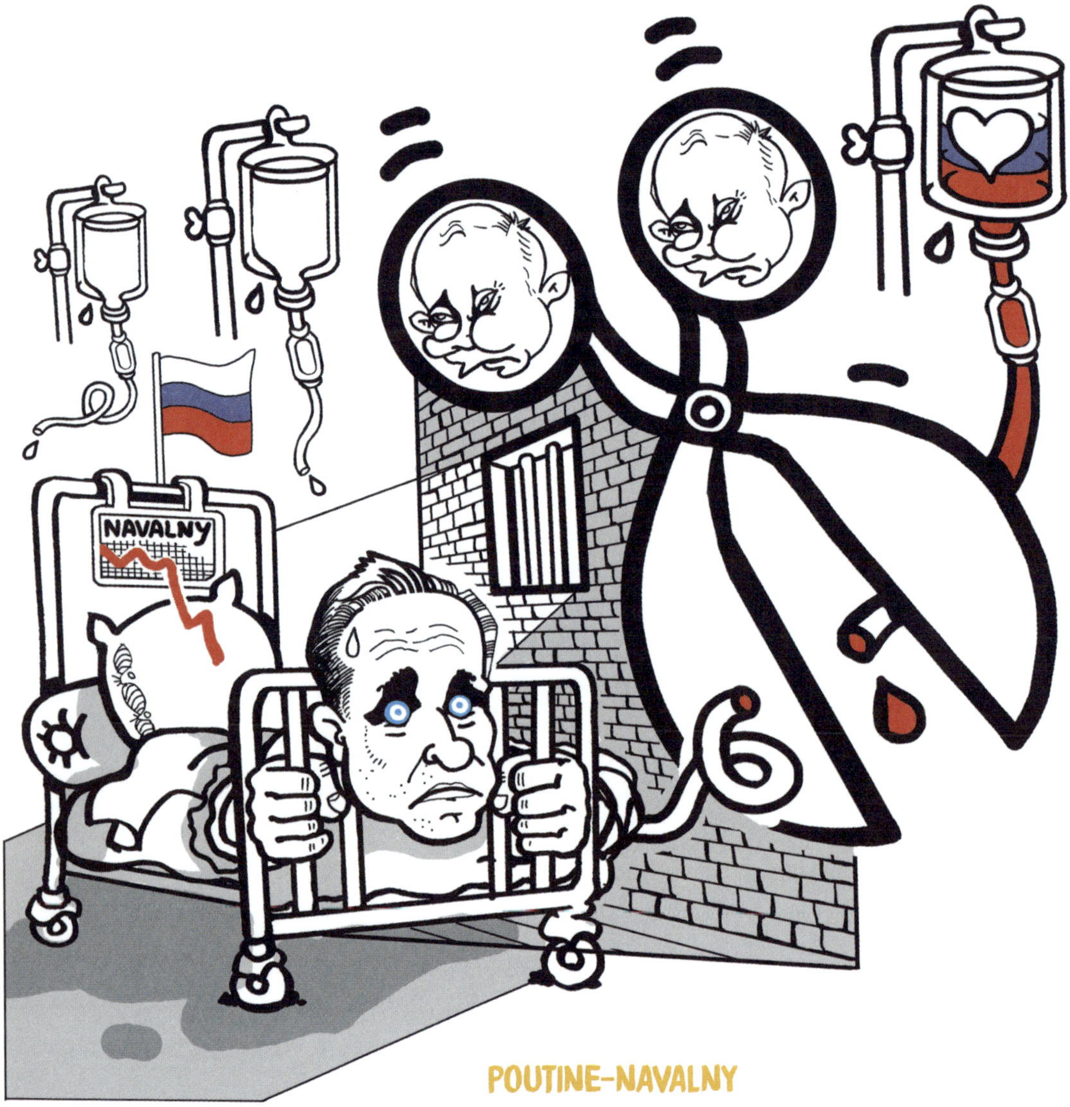

POUTINE-NAVALNY

Alexeï Navalny, créateur de la fondation Anti-Corruption, est le principal opposant à Poutine. Il purge une peine de deux ans et demi de prison pour avoir violé son contrôle judiciaire : il a été soigné en Allemagne après une tentative d'empoisonnement en Russie. Il est depuis février 2021 dans les geôles du Kremlin.

« Très à l'aise dans sa communication, Alexeï Navalny a utilisé Internet pour faire passer ses messages et diffuser ses enquêtes. “Sa grande force, c'est qu'il a complètement renouvelé les codes de l'opposition” qui considère que l'opposant reste à ce jour “le seul et unique rival de Vladimir Poutine” ».

« Il sait que ce régime est tellement fort que la seule chose qui pourra l'ébranler est un sacrifice, pour montrer que le pouvoir est cannibale. »

Elena Volochine, cheffe de bureau de la chaîne France 24 à Moscou

RUSSIA
GREAT AGAIN !

IMPUNITÉ
¿IMPOUTINITÉ !
LIBERTÉ de la PRESSE
PLANTU

« Internet est un espace de liberté où chacun peut communiquer, découvrir et s'épanouir. Les droits de chacun, quels que soient son âge, son origine ou ses affinités, doivent y être respectés, pour que la "Toile" reste un espace d'échange et de respect. »

Malheureusement « la liberté d'expression est démultipliée sur Internet, en effet tous les internautes sont libres d'exprimer leurs idées. Cependant, c'est aussi un lieu où la diffamation, l'injure ou encore le dénigrement sont répandus. »

Site du ministère de l'Intérieur

Grâce à une rigoureuse activité de veille et à ses correspondants dans cent trente pays, RSF collecte des données sur les exactions commises sur les journalistes : arrestations abusives, violences, détentions, meurtres ou assassinats. Chaque fait rendu public contribue à la dénonciation des violences commises contre les journalistes.

Face à la volonté de certains États de contrôler le Web et d'y faire taire les voix dissidentes, RSF défend aux plans national et international le principe selon lequel les droits garantis hors ligne doivent l'être également sur le Net.

Site de RSF

PLANTU

RSF : en 2020, 50 journalistes
ont été tués et 400 emprisonnés
PLANTU

JEAN CASTEX SUR TWITCH

Le Premier ministre s'est invité sur la plateforme de diffusion vidéo en direct. Mais les promesses de « renouveau » de la parole politique sont restées sans effet. « Qu'est-ce qui est le plus difficile quand on est Premier ministre ? » interroge un internaute. Jean Castex répond : « C'est parfois du stress, mais je suis pleinement à la tâche. » Sur le tchat, réaction immédiate d'un internaute : « Ça esquive un max ! »

Frédéric Says, France Culture

MACRON SUR TIKTOK

« Pour l'occasion, pas de cravate, de costume ou de protocole. Sur TikTok, Emmanuel Macron a décidé de se la jouer djeun's, en se filmant seul avec son téléphone, habillé d'un simple T-shirt noir sur lequel était dessiné un motif géométrique. Difficile de croire qu'il s'agissait du président de la République, tant l'image est surprenante. Pas de panique : pour ceux qui en doutaient, un drapeau tricolore était largement visible à l'arrière de l'image. »

Violette Salle, *Prisma Media*, août 2021

En attendant 2022...

« Un quinquennat cannibalisé par la crise sanitaire. Si le virus n'est pas éradiqué à l'hiver 2021, près de la moitié du mandat d'Emmanuel Macron aura été phagocytée par la Covid-19 et ses rebondissements.

Il est trop tôt pour dire si la crise sanitaire pèsera ou non dans le vote des Français, et dans quel sens. Mais elle a d'ores et déjà profondément changé la donne politique, donnant l'avantage à l'exécutif sur un Parlement et des oppositions à la marge de manœuvre limitée. »

Solenn de Royer, *Le Monde*, juillet 2021

On attend qui déjà ?
2022 !
PLANTU

SI TU VEUX UN NOUVEAU BOULOT, TU N'AS QUE LA RUE À TRAVERSER !
1
2
PLANTU

MACRON À MARSEILLE DANS DES ÉCOLES DÉLABRÉES

« Dans certains établissements, les toitures prennent l'eau, les plafonds tombent, des rats se promènent dans la cour et les punaises de lit ont envahi les dortoirs », relatent des enseignants au micro de Radio Classique.

Le président de la République a annoncé la participation de l'État au vaste plan de rénovation imaginé par le maire socialiste, Benoît Payan, qui concernera près de deux cents écoles de Marseille. Des écoles « dans un état de délabrement tel que l'apprentissage est impossible », reconnaît Emmanuel Macron, « des écoles sinistrées » jugées « indignes de la République », selon le maire, qui évalue à 1,2 milliard d'euros sur cinq ans dans le cadre d'un partenariat public-public les besoins de financement de la première tranche des travaux. Trois ans et demi après avoir mis à la poubelle le plan Borloo, Emmanuel Macron en reprend l'esprit et les grandes lignes.

Marseille, les 1er, 2 et3 septembre 2021

Xavier Bertrand se présente

EN CAMPAGNE POUR 2022...

La visite de trois jours d'Emmanuel Macron à Marseille a suscité l'ironie de nombreux hommes politiques : « Tout le monde comprend qu'il est en campagne électorale », affirme Jean-Luc Mélenchon même si, poursuit-il, « on est tous priés de faire semblant de ne pas l'avoir vu... » Macron n'était vraiment pas le seul : tous les prétendants à l'élection présidentielle s'étaient donné rendez-vous à Marseille pour se faire entendre et tacler le bilan du gouvernement : « Avec les résultats d'un pays comme le nôtre, les dirigeants de n'importe quelle entreprise seraient virés », a affirmé au Forum des entrepreneurs Xavier Bertrand, candidat à la présidentielle, qui a multiplié les attaques contre la politique du gouvernement et énoncé ses thèmes de campagne.

DÉCÈS DE VALÉRY GISCARD D'ESTAING

« Quarante ans après avoir présidé aux destinées de la France, ce que Valéry Giscard d'Estaing a accompli nous accompagne toujours. Sans que nous en ayons toujours conscience, nous marchons dans ses pas, son septennat a marqué notre pays et nos vies tout entières.

Aussi, au moment où se tourne, avec la mort du président Giscard d'Estaing, une page de l'Histoire de notre pays, soyez sûrs que je mettrai avec vous tout en œuvre pour faire vivre cette flamme du progrès et de l'optimisme qui ne cessa de l'animer. »

Emmanuel Macron, 3 décembre 2020

dessin publié en 1979

ENTRÉE DE MAURICE GENEVOIX AU PANTHÉON

« Avec Maurice Genevoix entre au Panthéon un destin républicain, une existence française. »

Emmanuel Macron, 11 novembre 2020

« La fonction présidentielle utilise l'histoire pour créer du consensus au présent. Macron pourra ainsi parler d'une société soudée, entièrement mobilisée, d'une Union sacrée, il pourra rappeler la grandeur de l'unité et, à travers les sacrifices de nos ancêtres, les sacrifices des premiers de cordée, des secondes lignes et de l'arrière… »

Jean Yves Le Naour, *Le Point*, 10 novembre 2020

GENDARMES ASSASSINÉS

Trois gendarmes ont été tués en voulant porter secours à une femme victime des violences de son conjoint. Dans un communiqué à l'AFP, samedi 26 décembre, l'avocat de la jeune femme qui avait déjà salué le courage des gendarmes « qui ont sacrifié leurs vies pour sauver la sienne » transmet ces quelques « mots insuffisants pour exprimer sa reconnaissance. Elle adresse ses profondes pensées aux familles des gendarmes ».

« Soyez fiers de leur engagement pour la France, pour la justice, pour la sécurité. La République tout entière s'incline devant vous. Messieurs, vous étiez des héros du quotidien des Français. »

Gérald Darmanin, 28 décembre 2020

Meurtre du père Olivier Maire (09-08-2021)

« Le père Olivier Maire est un martyr de la charité »

Patrick Chauvet (recteur de Notre-Dame)

LA GÉNÉROSITÉ D'UN PRÊTRE

« La mort du père Olivier Maire met en lumière sa vie : une vie donnée, généreuse, très ouverte aux souffrances des autres. Ce qui s'est passé nous montre le coût de l'hospitalité. Il a pris le risque d'accueillir cet homme qui sortait de prison. C'est aussi ce témoignage qu'il faut garder, avec la tristesse et l'effroi, mais aussi le remercier. Le père Olivier Maire était ouvert aux souffrances des autres depuis longtemps. Il était notamment visiteur en prison et connaissait certainement le passé de cet homme. La mort d'un homme ne doit pas susciter de polémique. Le temps est celui du recueillement. »

**Père Hugues de Woillemont, secrétaire général
et porte-parole de la Conférence des évêques de France,
10 août 2021 à Radio France**

GISÈLE HALIMI

L'avocate militante féministe et anti colonialiste, Gisèle Halimi est décédée le 28 juillet 2020 au lendemain de ses 93 ans. L'hommage rendu au Père-Lachaise par ses proches, ses amis et les nombreux admirateurs et admiratrices de son parcours n'a pas été suivi de l'hommage national pourtant promis par Emmanuel Macron le 4 septembre 2020 : « un hommage national va être rendu dans la cour des Invalides »...

Depuis le début de son mandat, huit hommages nationaux ont été rendus par Emmanuel Macron dans les quelques jours qui suivent le décès de la personne... Pour Gisèle Halimi, il « reste à trouver une date qui fasse sens »...

Quant à sa panthéonisation réclamée par beaucoup, elle n'est pas d'actualité... Élisabeth Moreno, ministre déléguée chargée de l'égalité entre les femmes et les hommes, avait pourtant déclaré en décembre 2020 « mettre toute son énergie » à convaincre Emmanuel Macron : « depuis ma prise de fonction, je milite pour la panthéonisation de Gisèle Halimi [...]. Elle a été une militante de tous les droits. Elle a porté des batailles que personne n'avait eu le courage de porter avant elle. » Mais le chef de l'État y a renoncé devant la fronde des associations de harkis et de pieds-noirs pour lesquelles l'entrée de celle qui a lutté contre la guerre d'Algérie et la torture serait « une insulte ».

Le Président avait déclaré « l'égalité entre les femmes et les hommes » grande cause nationale du quinquennat.

Au Panthéon, où 80 personnalités reposent... il y a 75 hommes et 5 femmes.

EMMANUEL MACRON RENDRAIT HOMMAGE À GISÈLE HALIMI EN 2022...

« L'annonce officielle de cette cérémonie est la conséquence directe de la révélation, la veille, de l'entrée au Panthéon de l'ancienne résistante et ex-meneuse de revue franco-américaine Joséphine Baker. »

Olivier Faye, *Le Monde*, 25 août 2021

Le Monde

Merci !

Avec ce dernier dessin publié à la une du *Monde*, une page s'est tournée : mon départ du *Monde* après presque cinquante ans passés dans ce journal... j'y ai travaillé avec liberté sous l'œil néanmoins vigilant de treize directeurs différents. En commençant par Jacques Fauvet et Bernard Lauzanne, directeur de la rédaction, qui ont donné sa chance au jeune homme de 21 ans qui avait osé frapper à la porte du « journal de référence » !

Les pages qui suivent (ce supplément, cadeau de la rédaction) racontent cet itinéraire.

J'associe à ces remerciements mon assistante Maïté Léon et tous les rédacteurs qui acceptaient de répondre à mes questions pour me permettre de bien cerner un sujet : la une est une responsabilité et le dessinateur-caricaturiste en a toujours été conscient.

Je remercie aussi toutes les lectrices, tous les lecteurs qui m'ont accompagné durant ces années, avec leurs mots d'encouragement ou de désaccord qui me permettaient de suivre la réception de mes dessins.

Je suis fier aujourd'hui d'avoir passé le relais aux dessinateurs de l'association Cartooning for Peace.

MERCI !

JEUDI 1ER AVRIL 2021
77E ANNÉE – Nº 23710
3,00 € – FRANCE MÉTROPOLITAINE
WWW.LEMONDE.FR –
FONDATEUR : HUBERT BEUVE-MÉRY
DIRECTEUR : JÉRÔME FENOGLIO

Le Monde

Covid : comment les variants se sont imposés

▸ En France, le variant britannique représente désormais 80 % des nouvelles infections, contre seulement 3 % au début du mois de janvier

▸ Cette mutation l'a emporté sur celles apparues au Brésil et en Afrique du Sud, avec une contagiosité supérieure de 40 % à celle du virus initial

▸ Ces évolutions permettent au virus de renforcer sa transmissibilité en dépit des gestes barrières et des anticorps d'une population contaminée

▸ Les virologues font le constat d'une compétition entre mutations du virus qui est loin d'être terminée, et que certains redoutent de voir s'emballer

▸ La course est engagée entre la vaccination et l'émergence de variants qui pourraient en affaiblir l'effet protecteur

PAGES 6 ET 7

PLANTU ET « LE MONDE », 50 ANS D'HISTOIRE

▸ Nous publions dans cette édition le tout dernier dessin de Plantu en « une » du « Monde »

▸ Son regard, durant cinq décennies, a accompagné les évolutions de la planète

▸ Nous lui consacrons un supplément spécial de huit pages

SUPPLÉMENT

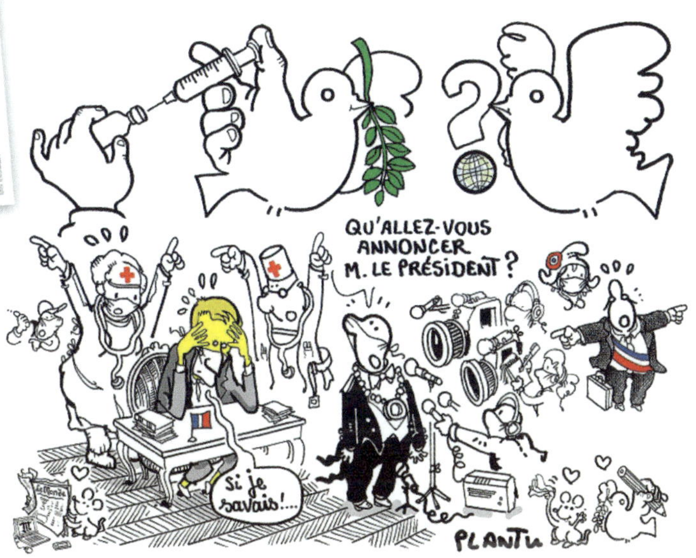

COVID-19

CHINE

Pékin accusé d'avoir entravé la mission de l'OMS

Le patron de l'organisation lui-même a souligné la difficulté d'accéder aux données brutes à Wuhan

PAGE 9

VACCINS

L'Europe en quête d'autonomie

Bruxelles a identifié 53 sites potentiels pour produire de 2 à 3 milliards de doses par an

PAGE 8

POLITIQUE

Macron : une allocution attendue

Le président, accusé d'avoir tâtonné sur le renforcement des mesures, devait s'exprimer mercredi soir

PAGE 10 ET ÉDITORIAL PAGE 28

Brésil La rupture est consommée entre l'armée et Jair Bolsonaro

Jair Bolsonaro et Edson Leal Pujol, le chef de l'armée de terre, démissionnaire, à Brasilia, en 2019. MATEUS BONOMI/AFP

LE MINISTÈRE de la défense brésilien a annoncé mardi le départ des trois principaux chefs de l'armée. Une première dans l'histoire du Brésil, et un nouvel épisode dans la grave crise opposant le président populiste à une partie grandissante de l'élite militaire. Cette démission tonitruante, après la mise à l'écart la veille de six ministres, dont celui de la défense, souligne la perte de popularité du dirigeant d'extrême droite, isolé par sa gestion erratique de la crise sanitaire.

PAGE 5

Allemagne

La corruption et la crise sanitaire minent la fin de règne de Merkel

PAGE 4

Economie

Deliveroo, un ogre au modèle fragile

PAGE 17

Enquête

Les pratiques douteuses d'un conservateur de musée à Mulhouse

PAGES 20-21

Rhône

Villeurbanne faite Capitale française de la culture 2022

PAGE 22

Mali

Une enquête de l'ONU pointe une bavure française

La frappe du 3 janvier sur le village de Bounti dans le cadre de l'opération « Barkhane » a visé un mariage et tué dix-neuf civils et trois djihadistes, affirme le rapport de la Minusma

PAGE 2

Education

Le modèle Sciences Po dans la tourmente

Les polémiques sur la « culture du viol » ou l'« islamophobie » montrent un militantisme étudiant en mutation

PAGE 12

Algérie 220 DA, **Allemagne** 3,80 €, **Andorre** 3,80 €, **Autriche** 3,80 €, **Belgique** 3,30 €, **Canada** 5,80 $ Can, **Chypre** 3,20 €, **Danemark** 36 KRD, **Espagne** 3,60 €, **Gabon** 2 400 F CFA, **Grande-Bretagne** 3,20 £, **Grèce** 3,50 €, **Guadeloupe-Martinique** 3,30 €, **Hongrie** 1 460 HUF, **Italie** 3,50 €, **Luxembourg** 3,30 €, **Malte** 3,20 €, **Maroc** 23 DH, **Pays-Bas** 4,00 €, **Portugal cont.** 3,50 €, **La Réunion** 3,30 €, **Sénégal** 2 400 F CFA, **Suisse** 4,50 CHF, **TOM Avion** 500 XPF, **Tunisie** 4,50 DT, **Afrique CFA autres** 2 400 F CFA

50 ANS DE DESSINS DE PRESSE

Plantu Un regard sur Le Monde

La matinée et le bouclage étaient bien avancés, la «une» également. Il restait juste cette case blanche, ce rectangle désespérément vide : l'emplacement du dessin. Il ne manquait plus que lui dans la page qui semblait du coup un peu terne, Plantu, son trait, et surtout son regard. Quand l'actualité était chargée, il n'y avait guère de souci à se faire. Son crayon saurait la rendre à son exacte proportion, verser de l'émotion dans le drame, déposer un sourire léger ou un rire gaillard sur les plaies du monde et les turpitudes du pays. Mais quand l'actualité se faisait molle, ennuyeuse comme un jour de pluie, on s'inquiétait pour lui. Comment allait-il s'en sortir, aujourd'hui ? Le téléphone sonnait enfin. *« Salut, c'est Jean. Je vous ai envoyé mes dessins. »* Car il nous en envoyait plusieurs, tous les jours, jusqu'à six, ayant l'élégance de nous laisser décider. Et c'était chaque fois la même surprise, et bien souvent le même choix cornélien.

Ce fut ainsi le même rituel quotidien pendant près de cinquante ans, depuis ce premier dessin, le 1er octobre 1972, une colombe pendant la guerre du Vietnam. Plantu prenait bientôt la « une ». Il le fit une première fois, subrepticement, en 1978, puis tous les samedis à partir de 1982, jusqu'en 1985, quand le directeur de la publication d'alors, André Fontaine, décida que le Plantu serait tous les jours au fronton du *Monde*. Grand honneur et lourde charge, qu'il remplira avec talent pour le bonheur des lecteurs, gentillesse et modestie pour le plaisir de ceux qui le côtoyaient.

Ces milliers de dessins finiront par former un gigantesque kaléidoscope, qui traversera l'histoire contemporaine et forgera une partie de l'identité du *Monde*. Comme un point de repère familier dans le paysage changeant de nos «unes», tout autant qu'un facteur de léger désordre dans la hiérarchie si calculée de nos titres. Irremplaçable Plantu qu'il faut pourtant bien remplacer, après cet ultime dessin en «une» de ce jour, après ce supplément qui retrace une carrière unique au *Monde*.

Liberté de trait

Cet «après-Plantu», Jean l'a souvent évoqué avec les directeurs successifs du journal. Avec la conviction que son départ à la retraite ne pouvait constituer une fin, que le dessin de presse, au *Monde*, ne pouvait se résumer, ni s'arrêter, à sa personne. De fait, plus de 700 dessins sont toujours publiés, chaque année, dans notre quotidien. A rebours d'autres journaux, en France ou à l'étranger, nous n'avons voulu ni restreindre ni a fortiori faire disparaître cette liberté de trait aujourd'hui en danger.

Entre continuité et impératif d'un renouvellement, la solution passait logiquement par Cartooning for Peace, le collectif international créé par Plantu il y a près de vingt ans, qui rassemble aujourd'hui plus de 200 dessinateurs et dessinatrices. Quatre fois par semaine, à compter de ce 2 avril, l'association nous adressera une sélection de dessins, parmi lesquels la direction de la rédaction pourra faire son choix pour la «une».

Avec ce partenariat inédit, nous espérons contribuer au rajeunissement tout autant qu'à la féminisation d'une profession encore très masculine. Par ce croisement des regards et des sujets, nous souhaitons élargir encore la variété des points de vue auxquels nous donnons accès à nos lecteurs, par-delà les frontières. «Dessiner pour la paix» : le nom de l'association a pu être pris de haut, comme les colombes de Plantu étaient parfois moquées. Comme si cet objectif paraissait naïvement anachronique en ces temps de sommations de choisir son camp, de chasse en meute, de radicalisation des paroles et des actes. Face à ces ferments de guerre civile, ce nom ne nous a jamais paru plus actuel. Il rejoint notre vocation d'opposer le goût de la nuance, le sens de la complexité, la confrontation des points de vue à toutes les forces qui menacent de défaire notre société.

En «une» du *Monde*, il rappellera que faire rire, ou sourire, est une liberté qui ne peut servir de prétexte pour s'enfermer dans ses obsessions, opposer des groupes humains ou désigner des ennemis. ■

JÉRÔME FENOGLIO

Cahier du « Monde » N° 23710 daté **Jeudi 1er avril 2021** - Ne peut être vendu séparément

Le Monde
JEUDI 1ER AVRIL 2021

1970

La Chine s'ouvre au monde capitaliste. 31 mars 1979.

Dénonciation de l'interventionnisme américain en Europe. 14 janvier 1978.

Une leçon d'économie. Juin 1975.

De la photocopieuse à l'imprimerie

« Dans les années 1970, le dessin de presse restait très archaïque. Pour obtenir des effets particuliers, il fallait découper et coller... Pour ce dessin – où certains lisent une inspiration warholienne –, j'ai utilisé la photocopieuse, afin de répéter le même personnage à l'identique et d'illustrer au mieux la tentative de duplication d'une pensée à l'infini. Après ces montages, il fallait filer en deux-roues déposer le dessin à l'imprimerie, qui était à l'époque dans les locaux de *France-Soir*, rue Réaumur. Là, je le remettais aux ouvriers du Livre pour qu'il passe à l'impression. »

L'Amérique latine des années 1970. Décembre 1984.

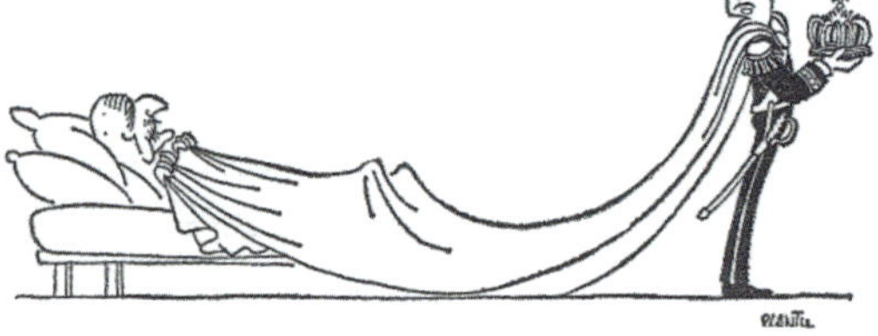

La longue agonie de Franco, en Espagne. 29 octobre 1975.

Manifestations religieuses contre le chah, à Téhéran. Avril 1979.

1980

Election de François Mitterrand à la présidence de la République. 12 mai 1981.

Promesse de droit de vote aux étrangers. 23 avril 1985.

La gauche au pouvoir

« En France, la grande affaire des années 1980, c'est l'arrivée de la gauche au pouvoir. J'avais 30 ans et je croyais que tout allait changer. Alors, ce dessin avec la tour Eiffel, au lendemain du scrutin du 10 mai 1981, s'est imposé à moi comme une évidence. Et je me suis fait plaisir car j'adore dessiner les immeubles. Aujourd'hui encore, je m'arrête dans les rues de Paris pour croquer une façade ou un immeuble que je trouve beaux. Evidemment, la suite on la connaît, et j'ai beaucoup dessiné dessus. La promesse de l'octroi du droit de vote aux étrangers en est un exemple. C'était une des "110 propositions pour la France" du candidat Mitterrand. Quarante ans plus tard, ils n'ont toujours pas ce droit. »

Détournement d'un avion américain à l'aéroport de Beyrouth. 18 juin 1985.

Réconciliation après la chute du mur de Berlin. 2 février 1990.

Manifestations avant le massacre de la place Tiananmen. 21 mai 1989.

L'affaire des foulards de Creil. 7 novembre 1989.

Affaire des écoutes de l'Elysée entre 1983 et 1986. 5 mai 1993.

Dans l'Afrique de Frederik De Klerk. 4 février 1990.

Israël-Palestine, signature pour la paix. 29 juillet 1998.

Génocide au Rwanda. 18 mai 1994.

1990

Les dessins silencieux

« Quand il y a un conflit sanglant, par respect pour les victimes, j'ai l'habitude de faire un dessin sans bulle, sans texte. C'est ce que j'appelle les "dessins silencieux". Pour les frappes sur l'Irak, j'étais en Malaisie et le rédacteur en chef de l'époque n'était pas vraiment content de devoir "faire sa 'une' avec un journaliste en pleine forêt", comme il me l'avait dit... J'étais effectivement en lisière de la forêt vierge ce jour-là, mais j'avais mon mini-fax, le plus petit modèle qui soit, qui me permettait d'envoyer mes dessins de n'importe où dans le monde à l'aide d'un simple téléphone. »

Edith Cresson, une femme premier ministre. 28 février 1992.

Guerre du Golfe. 18 janvier 1991.

Le Monde
JEUDI 1er AVRIL 2021

2000

Attentat du World Trade Center. 13 septembre 2001.

Rentrée scolaire sous Sarkozy. 13 septembre 2006.

Naufrage de l'« Erika ». 15 janvier 2000.

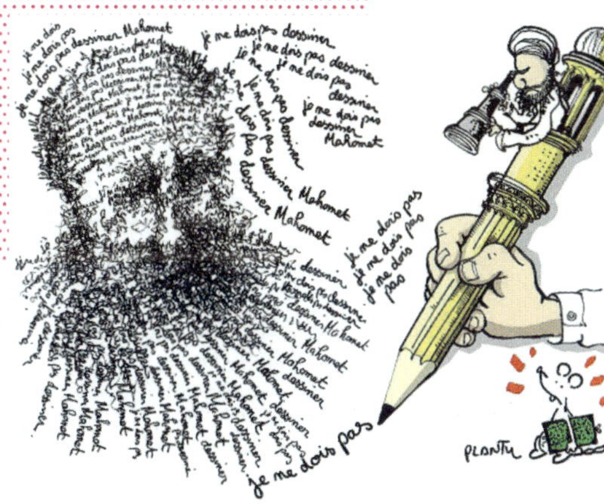

Après la fatwa contre les caricaturistes danois. 3 février 2006.

Le bourbier irakien. 7 avril 2004.

La mémoire. 26 janvier 2005.

2010

La révolution tunisienne.
26 octobre 2011.

L'affaire DSK. 10 août 2011.

Un « Monde » en couleurs

« Lors de l'incendie de la cathédrale Notre-Dame, j'avoue avoir été tenté d'imaginer un dessin autour du "gothique flamboyant", avant de me rendre à l'évidence : ce drame méritait de passer notre monument national en tricolore. L'arrivée de la couleur à la "une" du *Monde* a beaucoup changé mon travail. Au début, dans les années 1980, je n'avais droit qu'à un seul coloris. C'était l'époque Balladur et le rouge lui allait à merveille. Parfois, une couleur s'impose à un moment et reste ensuite. Ce qui est arrivé à Emmanuel Macron avec l'épisode des "gilets jaunes". »

La marche républicaine, après l'attentat contre « Charlie Hebdo ». 10 janvier 2015.

Les « gilets jaunes ». 30 novembre 2018.

L'incendie de Notre-Dame. 17 avril 2019.

UNE FENÊTRE SUR LE MONDE

À partir du 30 mars 2021, il a été convenu entre Jérôme Fenoglio, directeur du journal *Le Monde*, et Kak, président de Cartooning for Peace, qu'un dessin serait publié chaque jour à la une du quotidien, donnant ainsi l'opportunité de mettre en valeur les talents graphiques de dessinatrices et dessinateurs internationaux.

Kak qui dirige l'association est le dessinareur éditorialiste du journal *L'Opinion*.

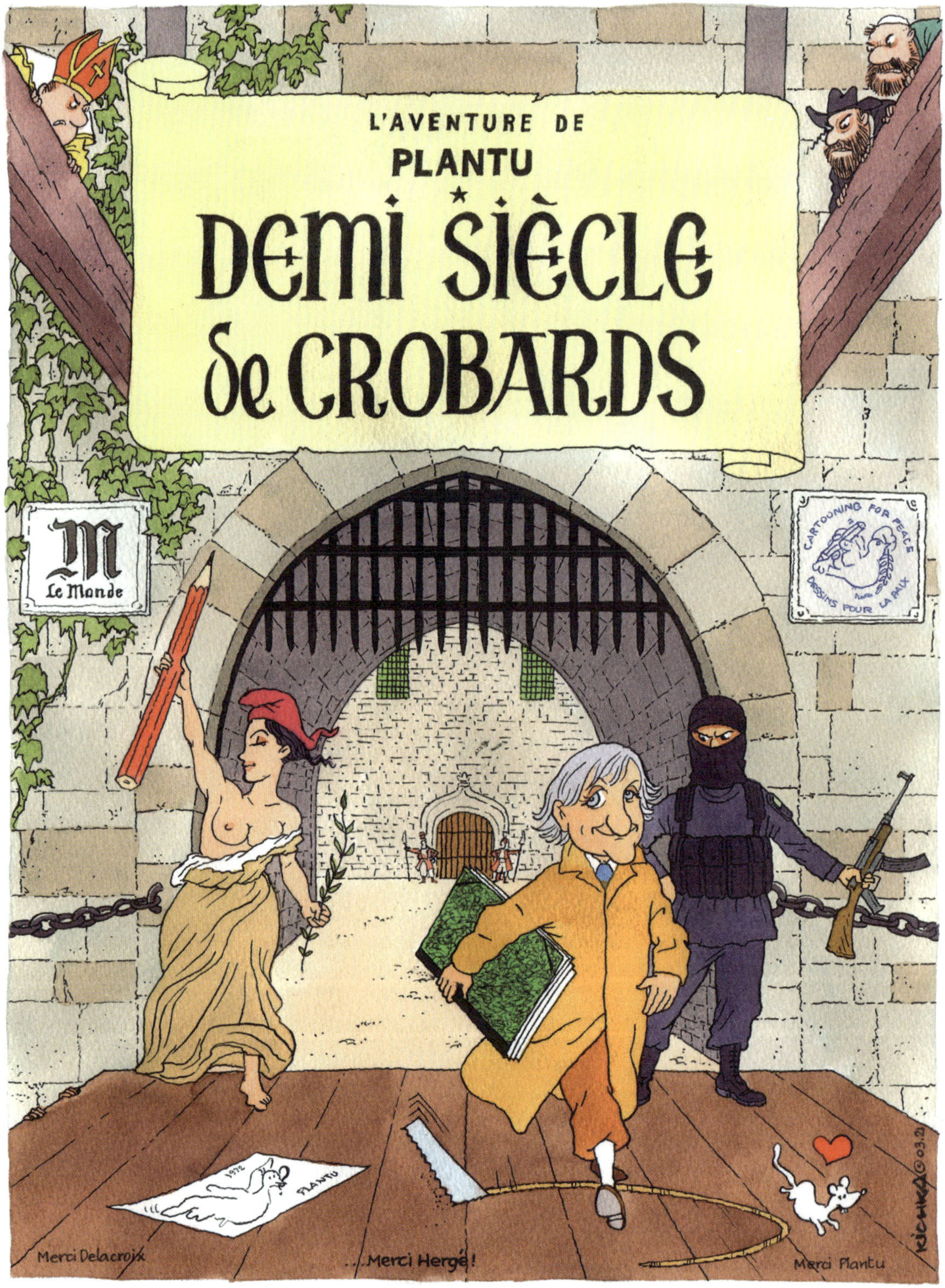

Dessin offert par Michel Kichka (Israël)

Dessin offert par Rodriguez
(Mexique)

Dessin offert par Izel Rozental (Turquie)

De Gaulle
Droits des enfants
Dupond-Moretti
Économie : 57, 60
66, 67
Église
Elizabeth
Environnement : 96
États-Unis
Bioéthique : 188, 189, 190, 191
Ben Salmane, Mohammed : 136
Gouvernement
Grande-Bretagne
Harry (Prince et duc
142, 143
Hidalgo, Anne : 27

INDEX

ACHEVÉ D'IMPRIMER EN OCTOBRE 2021
PAR L'IMPRIMERIE POLLINA
85407 LUÇON
POUR LE COMPTE DES ÉDITIONS CALMANN-LÉVY
21, RUE DU MONTPARNASSE 75006 PARIS

PAPIER À BASE DE
FIBRES CERTIFIÉES

CALMANN LEVY s'engage
pour l'environnement en réduisant
l'empreinte carbone de ses livres.
Celle de cet exemplaire est de :
1,7 kg éq. CO_2
Rendez-vous sur
www.calmann-levy-durable.fr

N° D'ÉDITEUR : 7999603/01
N° D'IMPRESSION : 98987
DÉPÔT LÉGAL : NOVEMBRE 2021
IMPRIMÉ EN FRANCE

2020

Le Monde